LA VIE DE JÉSUS

HEGEL EN POCHE À LA MÊME LIBRAIRIE

Phénoménologie de l'esprit, 2018, 912 pages.

Encyclopédie des sciences philosophiques en abrégé, 2012, 620 pages.

L'esprit du christianisme et son destin, précédé de *L'esprit du judaïsme*, 2003, 256 pages.

Préface, Introduction de la Phénoménologie de l'esprit, précédé de *Sens et intention de la Phénoménologie de l'esprit*, 1997, 320 pages.

Concept Préliminaire de l'Encyclopédie des sciences philosophiques, 1994, 288 pages.

Des manières de traiter scientifiquement du droit naturel, 1990, 104 pages.

DANS LE CADRE DU CAPA
(Centre Atlantique de Philosophie Allemande)

Leçons sur la logique (1831), présentation de J.-M. Lardic, traduction par J.-M. Buée et D. Wittmann, Paris, Vrin, 2007.

Leçons sur la logique et la métaphysique (1817), traduction par J.-M. Lardic, T. Barazon et A. Simhon, Paris, Vrin, 2017.

BIBLIOTHÈQUE DES TEXTES PHILOSOPHIQUES

G.W.F. HEGEL

LA VIE DE JÉSUS

précédé de

DISSERTATIONS ET FRAGMENTS DE L'ÉPOQUE DE STUTTGART ET DE TÜBINGEN

Textes réunis et coordonnés par

Ari SIMHON

présentés et traduits par

T. BARAZON, R. LEGROS et A. SIMHON

à l'initiative du

CAPA

LIBRAIRIE PHILOSOPHIQUE J. VRIN
6, Place de la Sorbonne,
PARIS Ve

La vie de Jésus est présentée et traduite par A. Simhon, agrégé et docteur en philosophie, membre du CAPA et par T. Barazon, docteure en philosophie, membre du CAPA.

Les *Fragments et dissertations de l'époque de Stuttgart (1784-1788) et de Tübingen* sont présentés et traduits par A. Simhon.

« *La religion est une des affaires les plus importantes de notre vie* » est un composite de fragments de 1792-1793 (Tübingen) présenté et traduit par R. Legros, Professeur à l'Université de Caen, membre de l'équipe « Identité et subjectivité » et du CAPA.

G.W.F. HEGEL, *Frühe Schriften*, Teil I,
Gesammelte Werke Band 1, p. 35-54, p. 83-114, p. 207-278
© Hamburg, Felix Meiner Verlag, 1989

© *Librairie Philosophique J. VRIN*, 2009

Imprimé en France

ISSN 0249-7972
ISBN 978-2-7116-2172-9
www.vrin.fr

FRAGMENTS ET DISSERTATIONS DE L'ÉPOQUE
DE STUTTGART ET DE TÜBINGEN (1785-1788)

HEGEL À STUTTGART : PRÉSENTATION

Georg Wilhelm Friedrich Hegel est né le 27 août 1770 dans une famille de petite bourgeoisie luthérienne de Stuttgart, ville située dans le Duché du Wurtemberg dont les États protestants parvinrent à obtenir du Duc catholique, Karl Eugen, la reconnaissance de leurs droits traditionnels. Après avoir fréquenté, entre 5 et 7 ans, l'école dite latine, Georg Wilhelm Friedrich, que ses parents et amis proches appelaient « Wilhelm », entra au *Gymnasium* de sa ville natale. Ce dernier comportait sept classes réparties en onze années d'études et représentait donc une école-collège-lycée (même si l'habitude a été prise de traduire *Gymnasium* par lycée). En accompagnement de ce cursus où il reçut des prix dans chaque classe – il était premier depuis l'âge de dix ans jusqu'à son départ à dix-huit ans, ce qui lui valut de prononcer en 1788 le *Discours de sortie de lycée* que nous traduisons –, Hegel reçut des cours supplémentaires privés dans diverses disciplines (et déjà, très tôt, de latin par sa mère qui visait sans doute pour lui une carrière ecclésiastique). Il tint à cette époque un journal du jour (*Tagebuch* – 1785-1787) qui nous renseigne sur ses activités mais qui ne comporte ni la dimension religieuse de l'examen de conscience quotidien propre au piétisme, ni la dimension narcissique d'un journal intime : l'auteur se décide même à un moment de rédiger ce journal en latin afin de s'exercer dans cette langue, ce qui semble finalement à ses yeux, à ce moment, l'intérêt majeur de la chose. Nous savons en tout cas par là qu'il a traduit à cette époque divers auteurs anciens, dont Longin et «son» célèbre *Traité sur le sublime* (la traduction de Hegel est aujourd'hui perdue). Il recopiait aussi de longs extraits des livres qu'il lisait, pratique qu'il faut toutefois se garder de juger par trop expressive de sa personnalité singulière dans la mesure où posséder des livres, à cette époque, était assurément encore un luxe. Concernant ces années de Stuttgart, nous ne pouvons que renvoyer aux meilleures biographies[1] et nous contenter de quelques mots sur les textes traduits ci-après.

Entretien à trois (1785)

Ce dialogue fictif fut composé à quinze ans par Hegel et, selon Rosenkranz, le premier biographe du philosophe, il s'agit là du plus ancien écrit de la main de Hegel qui ait été conservé (il a aussi servi à une déclamation publique). Il met en scène ANTOINE, LÉPIDE et OCTAVE. Brillant officier et ami de César, ANTOINE dominait la situation au moment où César fut assassiné, le 15 mars 44. Il s'était fait remettre les papiers, le testament et la fortune de César; le 20 mars 44, il organisa ses funérailles au cours desquelles il prononça son éloge funèbre. Il s'attira les faveurs de la foule en lui communiquant le texte du testament de César, qui avait prévu plusieurs mesures en faveur du peuple. Les meurtriers de César, Brutus, Cassius et les autres conjurés quittèrent alors précipitamment Rome. Petit-neveu de César, né en 63, OCTAVE n'avait que dix-neuf ans lorsque César fut assassiné. Il se trouvait en Illyrie (l'actuelle Albanie), dans la ville d'Apollonie, lorsqu'il apprit la nouvelle. Quand il sut que le testament de César

---

1. K. Rosenkranz, *G.W.F. Hegels Leben*, Berlin, 1844; Darmstadt, 1977, Wissenschaftliche Buchgesellschaft (*Vie de Hegel* suivi de *Apologie de Hegel contre le docteur Haym*, trad. fr. P. Osmo, Paris, Gallimard, 2004); B. Teyssèdre, «Hegel à Stuttgart. Essai sur la formation esthétique de Hegel», *Revue Philosophique de la France et de l'Étranger*, 1960; H.S. Harris, *Hegel's development*, Oxford, Oxford University Press, 1972; J. D'Hondt, *Hegel. Biographie*, Paris, Calmann-Lévy, 1998; H. Althaus, *Hegel und die heroischen Jahre der Philosophie*, München, Carl Hanser Verlag, 1992 (*Hegel, Naissance d'une philosophie*, trad. fr. I. Kalinowski, Paris, Seuil, 1999); T. Pinkard, *Hegel. A Biography*, Cambridge, Cambridge University Press, 2000.

faisait de lui son fils adoptif et son premier héritier, il rendit visite aux vétérans de son père adoptif et recruta de son propre chef et à ses frais, *priuato consilio et priuata impensa*, trois mille hommes dévoués à sa cause, se posant ainsi en rival d'Antoine. Il reçut en outre en mai 44 l'appui de *Cicéron*, qui avait exercé le consulat en 63 et apparaissait comme le chef du parti sénatorial : Cicéron en effet haïssait Antoine, contre lequel il avait prononcé du 2 septembre 44 au 21 avril 43 quatorze violents discours qu'il avait appelés Philippiques, en souvenir des discours de Démosthène contre Philippe de Macédoine, père d'Alexandre le Grand. Cicéron espérait, en soutenant Octave contre Antoine, diviser le parti césarien et éloigner la menace d'une nouvelle dictature. Le Sénat, qui avait aboli pour toujours la dictature le 17 mars 44, se dressa avec Octave contre Antoine. Battu devant Modène le 21 avril 43, Antoine se retira en Gaule Narbonnaise, où il reconstitua ses forces. Il obtint en effet le soutien de LÉPIDE, ancien maître de la cavalerie de César, qui lui donna son armée. Pendant ce temps, salué par ses huit légions du titre d'*imperator*, Octave victorieux marcha sur Rome en juillet 43, s'empara du trésor de l'État qu'il distribua à ses troupes, et se fit élire illégalement consul le 9 août 43. Cependant, grâce à l'entremise de Lépide et d'un ami commun, Asinius Pollion, Octave, agissant en « pré-Machiavel », accepta de se réconcilier avec Antoine. Après une rencontre sur le Réno, près de Bologne, en octobre 43, un pacte secret fut conclu entre ANTOINE, LÉPIDE et OCTAVE : ce fut le *second triumvirat*. Ce pacte secret fut confirmé par la loi Titia le 27 novembre 43 : Antoine, Lépide et Octave furent institués par le Sénat *tresuiri rei publicae constituendae* pour une durée de cinq ans. Cette décision eut pour conséquence immédiate une nouvelle proscription : les triumvirs mandèrent à Rome des sicaires chargés d'exécuter dix-sept adversaires politiques, parmi lesquels Cicéron, lâchement abandonné par Octave à la vindicte d'Antoine, qui périt courageusement le 7 décembre 43. Sa tête et ses mains furent coupées, et exposées à Rome à la tribune aux harangues. Ce dialogue de Hegel est donc une reconstitution imaginaire de l'entrevue du Reno, qui eut lieu en octobre 43.

Extrait d'un discours prononcé à l'occasion de la sortie du lycée (automne 1788)

Hegel, en fin de carrière lycéenne, fut choisi pour prononcer une allocution d'adieu au nom de sa classe. La longueur des phrases, la période oratoire, expriment incontestablement ici une maîtrise rhétorique mais, par-delà même les règles stylistiques, c'est bien à tout ce que l'on attend d'un élève brillant en pareille situation que Hegel semble se conformer parfaitement. Hegel déjà si conformiste! Mais, Rosenkranz lui-même, qui a pourtant souligné l'aspect conventionnel de la personnalité de Hegel, note que ce discours est « subtil ». Posons donc la question : n'est-ce pas le présupposé de l'éternel conformisme hégélien qui trouve à se confirmer à la lecture de ce texte alors qu'un présupposé symétrique et inverse amènerait à interpréter les comparaisons, les images, les mots de Hegel comme audacieux et même, sans nul doute, perfides ?

À propos de la religion des Grecs et des Romains (10 août 1787); À propos de quelques traits distinctifs caractéristiques des poètes anciens (7 août 1788); À propos de quelques avantages que nous procure la lecture des auteurs classiques de l'antiquité grecque et romaine (décembre 1788)

Ces trois textes sont des compositions scolaires que nous nommerions aujourd'hui « rédactions » ou « dissertations » : les deux premiers sont de la fin de la période gymnasiale de Stuttgart, le troisième date du début de la période de Tübingen où Hegel arrive en automne 1788, comme étudiant « consacré à la théologie » (selon l'expression en usage à l'époque), pour suivre les cours au *Stift* (Séminaire) qui est Université d'État. Étant donné qu'il est impossible d'imaginer que Hegel ait composé si peu de travaux scolaires, nous ne pouvons qu'émettre l'hypothèse que nous disposons encore de ceux-là dans la mesure même où Hegel a dû quelque peu, à un moment en tout cas, s'y attacher, et a refusé de les jeter. « Épargnés » par Hegel, l'historien de la philosophie se doit aussi de s'y attacher; il les trouve d'ailleurs très vite attachants!, et il lui apparaît rapidement que la teneur du propos n'est pas exactement la même dans la première de ces dissertations et dans les deux suivantes, lesquelles par contre peuvent être appariées. La dissertation « *Sur la religion des Grecs et des Romains* » se développe en effet, pour sa part, dans un climat rationaliste d'*Aufklärung* tandis que les deux suivantes explorent une nouvelle voie, romantique avant l'heure – qui n'est pas présentée comme exclusive de la précédente, mais qui ne peut qu'apparaître comme « en tension » avec elle. Tandis que la dissertation de 1787 note que les membres les plus rusés d'un groupe social peuvent se servir de la religion, sous sa forme imaginative et grossière, pour dominer les crédules non encore éclairés, et précise que si tout était superstition pour un Grec, il en va encore de même de nos jours chez beaucoup d'hommes, les deux dissertations suivantes opposent au contraire à une manière grecque (ou romaine, les auteurs latins étant de simples imitateurs des Grecs) une manière allemande moderne – ou peut-être même moderne tout court –, sans que cela ne soit nullement à l'avantage de la seconde. Tandis que la dissertation de 1787 se termine par des considérations sur la difficulté d'atteindre la vérité absolue et sur la double conséquence – en bonne philosophie d'*Aufklärung* – d'un tel constat, à savoir qu'il faut toujours reprendre l'exercice du jugement et du doute, ainsi se déprendre de cela même qui nous a paru évident de longue date, et aussi bien alors qu'il nous faut être tolérants ; les deux dissertations suivantes présentent au contraire positivement l'antiquité (surtout grecque) comme un « monde » où il n'y a pas encore de déprise par rapport aux traditions vivantes, où les faits illustres des aïeux ne sont pas appris dans des livres d'histoire mais sont présents à la mémoire vive des hommes, et où les hommes se trouvent donc entre eux dans un lien évident, naturel. Ce lien est tel que les poètes n'ont pas à se soucier, comme chez les Allemands modernes, de toucher leur public, se trouvant ainsi dans une simplicité qui récuse toute mise en exergue de leur activité poétique complexe afin de donner prix au poème, ce qui est par contre le cas chez les modernes. Si nous, modernes, sommes dans une scission avec la nature que nous pouvons analyser comme un système de causes et de lois, et sommes « mieux instruits du jeu interne des forces », ce gain, de la *re-présentation*, est aussi bien une perte, de *présence*, un éloignement « de la manière de paraître » des choses, font entendre ces belles pages expressives d'une nostalgie de la Grèce à l'aube de l'idéalisme allemand [1].

Les présentes traductions des *Fragments et dissertations de l'époque de Stuttgart (1785-1788)* ont été établies à partir de l'actuelle édition de référence des *Gesammelte Werke* [2] toujours en cours de constitution, tout particulièrement pour les *Leçons* de Hegel. Ces *Arbeiten aus der Gymnasialzeit – Ein Aufsatz aus dem Tübinger Stift (1785-1788)* [textes 2-7] se trouvent au tome premier, première partie, de cette édition aux pages 35-54.

Ari SIMHON

1. *Cf.* J. Taminiaux, *La nostalgie de la Grèce à l'aube de l'idéalisme allemand*, La Haye, Martinus Nijhoff, 1967.
2. *Gesammelte Werke*, t. 1, *Frühe Schriften I*, hrsg. von F. Nicolin und G. Schüler, Hamburg, Felix Meiner Verlag, 1989.

G.W.F. Hegel

ENTRETIEN À TROIS

30 mai 1785

Antoine — Avez-vous réfléchi au plan que je vous ai soumis ? Êtes-vous désormais décidés ?

Octave — J'ai considéré ce plan et j'y ai bien réfléchi. Si son exécution devait se réaliser aussi heureusement que le plan est établi de manière sage et intelligente, alors ce serait une action grandiose.

Lépide — C'est ce que j'ai trouvé moi aussi.

Octave — Mais comment procéder ? Il convient désormais d'en fixer les détails et d'envisager les obstacles qui se mettront en travers de notre chemin.

Antoine — Après mûre réflexion, je n'ai trouvé aucune difficulté particulière.

Octave — Moi si. Je vais te les exposer. Les Romains partisans de la liberté [1] vont-ils accepter notre pouvoir ? Brutus, Cassius et ceux qui participèrent au meurtre du noble César, vont-ils se tenir tranquilles ? Saurons-nous contenter Sextus Pompée ?

---

1. *Die freien Römer.* Mot à mot : « les libres Romains ». Le contexte impose notre « adaptation ».

ANTOINE — Ah, pas tant de réserves, Octave! Crois-moi, j'ai longtemps vécu dans le monde et j'ai plus d'expérience que toi. Tu crois qu'en ceux-là couve encore la moindre étincelle d'amour de la patrie? Point du tout. Le luxe et la débauche les ont tellement éloignés de la grandeur d'âme de leurs ancêtres que la liberté est devenue pour eux un vain mot. Il y a peu de temps, après l'assassinat de César, alors que Brutus et Cassius étaient à la tribune, attisant la flamme de la haine au point que la foule faillit s'en prendre à la dépouille sacrée de César, combien d'éloquence m'a-t-il fallu [déployer] pour leur faire changer d'avis? Ils se laissent retourner d'un souffle comme des plumes. Le soldat est habitué à verser le sang des citoyens comme celui des ennemis, et nous l'avons à nos côtés. Pour le bas peuple, quelques mots suffisent, un peu de pain ou d'argent et des spectacles publics.

LÉPIDE — Je vais tâcher d'y pourvoir.

OCTAVE — Tu as entièrement raison, Antoine. Voilà qui supprime une de mes réserves. Mais un Brutus, un Cassius, est élevé loin au-dessus de la sphère de la populace.

ANTOINE — Oh, le meurtre de César et mon discours leur ont fait perdre toute importance, tout amour, tout prestige. Le peuple est bien à nos côtés. Que peuvent-ils bien entreprendre? Et jusqu'à présent ils se tiennent tranquilles.

OCTAVE — Voilà tout juste quatre heures, j'ai reçu des lettres m'indiquant qu'ils préparent secrètement une riposte parce qu'ils redoutent quelque chose de nous. Je voulais t'apporter tout de suite la nouvelle mais tu n'étais ni au Capitole ni chez toi.

ANTOINE — J'étais dans mes terres à la campagne. Que Brutus et Cassius se préparent à la guerre n'est pas fait pour m'inquiéter outre mesure. Nous sommes d'aussi bons soldats qu'eux. Nous devons juste rester sur nos gardes, rassembler nos forces et pour ce faire convoquer sans plus attendre nos légats et nos tribuns.

OCTAVE — En dehors de ceux-là il existe encore toute une foule d'ennemis qui nous font certes des mines aimables, mais qui cachent dans leur cœur des lames empoisonnées. Il faudrait se débarrasser d'eux.

ANTOINE — Tu as raison Octave. Nous en avons déjà parlé lors de la dernière réunion, nommé la plupart d'entre eux et signé leur arrêt de mort. En voici la liste. Prenez-en connaissance.

OCTAVE (*prend connaissance et s'exclame soudainement*) — Cicéron aussi ?

ANTOINE — Oui Octave. Lors de cette dernière réunion nous avons décidé de laisser à chacun de nous la liberté de choisir qui il souhaite expédier au royaume des morts. Cicéron était mon ennemi juré. Ses discours et ses lettres n'en sont que trop la preuve. Et Lépide t'a même sacrifié son propre frère.

LÉPIDE — C'est vrai, je l'ai fait.

OCTAVE — Je ne peux plus revenir sur la parole donnée, mais la mort de cet homme est pour moi une grande douleur.

ANTOINE — Tiens Lépide, prends-en connaissance toi aussi. Selon ta volonté, mon aïeul Lucius se trouve également sur la liste des condamnés. Entre nous tout est donc en équilibre. Chacun a sacrifié à la cause commune un homme qui lui est cher. Mais maintenant passons à un autre sujet, à savoir le partage des provinces.

OCTAVE — Laissons cela de côté pour l'instant, me semble-t-il. Nous aborderons ce point seulement quand nous aurons soumis Brutus et Cassius. Il importe en revanche de réfléchir à des dispositions pour contrer ces ennemis.

ANTOINE — Voici ce que je pense : toi et moi, nous quittons Rome, nous réunissons notre armée et nous les attaquons dans leurs provinces. Lépide peut quant à lui s'assurer la maîtrise de la ville. Êtes-vous d'accord avec mon plan ?

OCTAVE — Oui, tout à fait.

LÉPIDE — Moi aussi. Je pars immédiatement pour prendre les mesures qui s'imposent (*Lépide sort*).

ANTOINE — Te voilà parti, stupide personnage ! Maintenant, Octave, je veux te parler plus librement seul à seul. Devons-nous laisser cette cervelle stérile prendre un jour sa part à la domination du monde ?

OCTAVE — Mais c'est toi qui l'as attiré dans cette alliance. Je doute que l'on puisse désormais changer grand-chose à cela. Je pense qu'il s'est comporté en beaucoup d'endroits en soldat courageux.

ANTOINE — Crois-en mes paroles, j'ai appris à le connaître. Cet homme n'a aucun mérite propre, aucune faculté intellectuelle. Il ne sait que remplir les missions qu'on lui confie. Comme une machine sans âme[1] il a besoin d'être mis en mouvement par d'autres. Crois-moi, s'il n'avait pas d'amis puissants, il ne me serait jamais venu à l'esprit de le prendre à mes côtés. Nous avons encore besoin de lui, mais dès que nous serons parvenus au terme de notre course et que notre situation sera suffisamment consolidée, je pense que nous le dépouillerons de ses charges imméritées, nous le gaverons de foin, voire, nous nous débarrasserons de lui et nous consommerons les épis qu'il a semés et récoltés pour nous.

OCTAVE — Là-dessus je te laisse faire à ta guise. Nous parlerons de la suite à y donner quand nos projets auront été couronnés de succès. – Mais désormais, Antoine, il nous faut être prudents. Des orages immédiats et plus terribles se forment au-dessus de nos têtes. C'est pourquoi nous devons nous

---

1. *Todte Maschine.*

préparer rapidement à affronter avec courage la tempête qui s'annonce et qui va bientôt faire rage.

ANTOINE — Oui, c'est ce que nous allons faire. Il me reste quelques affaires à régler avant notre départ. Nous nous reparlerons peut-être ce soir. Porte-toi bien en attendant (*il sort*).

OCTAVE (*seul*) — La bêtise est sortie la première, suivie de près par l'orgueil. Ce qu'Antoine a dit de Lépide n'est certes pas faux, mais Antoine est fier, despotique, débauché, cruel. Une fois nos ennemis vaincus et Lépide écarté, Antoine, fier de ses actes et de son expérience, tentera de me duper selon son bon vouloir parce que je suis plus jeune que lui. Mais il ne trouvera pas en moi un second Lépide. Ma nuque d'homme libre n'a pas coutume de se courber sous le regard méprisant d'un maître. Il se vautrera dans la débauche. Pendant long-temps je garderai le silence et lui laisserai faire ce qu'il veut. Mais lorsque ses forces physiques et spirituelles se seront assoupies et l'auront livré au mépris, alors je relèverai la tête et me montrerai à lui dans ma véritable stature et alors, ce sera *aut Caesar, aut nihil*[1]. Ou bien il roulera dans la poussière ou bien je préférerai la mort à une vie d'opprobre ! (*il sort*).

---

1. « [Je serai] ou bien César ou bien rien ».

G.W.F. HEGEL

QUELQUES REMARQUES
SUR LA REPRÉSENTATION DE LA GRANDEUR

Mai 1787

Chacun fait quotidiennement l'expérience, même s'il n'y prête pas attention, que la grandeur est une notion relative en ce sens que nous mesurons toutes les grandeurs selon une échelle qui nous est familière ou qui se trouve à proximité immédiate. Cette expérience commune permet d'expliquer beaucoup d'apparences[1] quotidiennes singulières[2]. Que nous tenions une pièce basse de plafond pour plus longue qu'une autre de même longueur et largeur, mais plus haute, n'a pas, je crois, d'autre origine. L'échelle la plus proche pour la longueur et la largeur de la pièce est sa hauteur; si cette dernière est réduite, et donc plusieurs fois contenue dans la longueur, alors nous tenons la pièce pour plus grande; dans une pièce plus haute au contraire, notre échelle [la hauteur] est moins souvent contenue dans la longueur et la largeur, et la pièce nous apparaît alors, par un effet naturel, plus petite. Voilà aussi pourquoi un objet dressé à la verticale, par exemple un bâton, peut sembler plus court qu'un objet en position horizontale; dans la

1. *Erscheinungen.*
2. *Besondere.*

première position, nous n'avons aucun élément de comparaison, dans la seconde, au contraire, il en existe de nombreux
dans l'intervalle. Il faut seulement relever ici cette circonstance que, dans les deux cas, l'élément de comparaison ne doit
pas être situé trop loin des yeux ; car un élément éloigné et posé
à plat nous apparaît, à la suite d'une illusion d'optique, plus
petit parce que ce qu'on appelle l'angle de vision est plus petit
tandis qu'un autre debout paraît plus grand pour la raison
inverse. Ceci est aussi la raison pour laquelle la lune, par ciel
dégagé, nous paraît plus éloignée lorsqu'elle monte [à l'hori-
zon], à cause de la foule d'éléments de comparaison[1] inter-
posés entre elle et nous, que lorsqu'elle se tient juste au-dessus
de nous ; bien que nous la voyons habituellement plus grosse
quand elle monte [à l'horizon], ce qui s'explique par la densité
des vapeurs qui réfractent les rayons. Mais ce n'est pas seulement pour l'éloignement spatial que ces illusions se produisent ; nous pouvons percevoir la même chose aussi en ce qui
concerne le temps. Le temps du parcours, quand nous nous
rendons quelque part, paraît pour les mêmes raisons s'écouler
bien plus lentement que si durant cette même période nous
sommes occupés à lire[2]. Même après, il nous reste encore la
même impression ; en effet, les représentations[3] des nombreux
éléments rencontrés en chemin ne se peuvent réunir en une
seule, générale, mais nous devons penser le parcours comme
une suite de représentations si nous voulons nous le repré-

1. *Vergleichbaren Gegenstanden* : littéralement « objets comparables ».
Mais, entre nous et la lune à l'horizon, il n'y a pas d'élément comparable à
la lune (une planète), c'est pourquoi il vaut mieux traduire par « éléments de
comparaison ».
2. *En marge* : « En ce cas, cela tient surtout à ce que l'occupation est
agréable ou non ».
3. *Vorstellungen.*

senter[1] correctement. Des livres au contraire, en particulier de ceux qui n'ont pas de contenu historique, ne nous restent souvent que des impressions générales; quoique ceci soit très différent selon la diversité des aptitudes et des inclinations.

Lettres de Meiners sur la Suisse, Partie I, VI, Br. p. 371

« Quand hormis les sommets sublimes des plus hautes montagnes, tout le reste du paysage est couvert de nuit, alors les cimes éclairées semblent être bien plus profondes qu'à l'accoutumée et en même temps aussi proches que lorsqu'elles étaient limitées par la vallée voisine »[2].

---

1. *Vergegenwärtigen.*

2. Hegel recopie ici un passage des *Briefe über die Schweiz* (t. I, Frankfurt-Leipzig, 1785) de Christoph Meiners (1747-1810), philosophe adversaire de Kant. Dans son *Tagebuch*, il recopie des extraits d'autres livres de Meiners. Neuf années plus tard, à Berne, il se souviendra de sa lecture des *Lettres sur la Suisse* lors d'une randonnée dans les Alpes. *Cf.* G.W.F. Hegel, *Journal de voyage dans les Alpes bernoises*, trad. fr. R. Legros et F. Verstraeten, Grenoble, Jérôme Millon, 1988, p. 45-46 (et note), 59-61, 66, 69 et 81.

G.W.F. Hegel

À PROPOS DE LA RELIGION
DES GRECS ET DES ROMAINS

10 août 1787

Pour ce qui est de la religion, les Grecs et les Romains suivirent la voie de toutes les nations. L'idée[1] d'une divinité est si naturelle à l'être humain qu'elle s'est développée chez tous les peuples. Dans leur enfance, dans l'état originel de la nature, ils pensaient Dieu comme un être tout-puissant les régissant, eux-mêmes ainsi que tout ce qui est, simplement selon son bon vouloir[2]. Ils édifiaient la représentation qu'ils se faisaient de lui d'après les souverains qu'ils connaissaient, les pères et les princes des familles qui décidaient de la vie et de la mort de leurs subordonnés selon leur seul bon plaisir[3], dont ils suivaient aveuglément les ordres, mêmes injustes et inhumains ; ces souverains, étant des hommes, pouvaient se mettre en colère, agir avec précipitation, puis regretter leur emportement. C'est ainsi qu'ils concevaient leur divinité, et les représentations de la plus grande part des hommes de notre époque soi-disant éclairée ne sont pas différentes. Ils considé-

---

1. *Der Gedanke.*
2. *Willkür.*
3. *Nach Gefallen.*

raient le malheur, le mal physique et moral, comme une punition qui venait de la divinité et en concluaient qu'ils avaient dû
par des actes, conscients ou non, l'avoir mécontentée, offen-
sée, et avaient mérité sa colère. Ils cherchaient alors à l'apaiser
par le biais de présents, par le meilleur de ce qu'ils possédaient, par les produits de la première récolte, voire par ce qui
leur était le plus cher, leurs enfants. Ces hommes n'avaient pas
encore compris que ces maux n'étaient pas des maux réels, que
c'était d'eux-mêmes que le bonheur et le malheur dépen-
daient, que la divinité n'envoyait jamais de calamités pour
nuire à ses créatures. Ils n'avaient pas non plus pris conscience
que l'être suprême ne peut être gagné par des présents venus
des hommes, que les hommes ne sauraient ni augmenter
ni diminuer sa richesse, sa puissance et son honneur. Mais
comment devaient-ils lui offrir ces sacrifices ? Parce qu'ils
voyaient que seules les choses réduites en fumée montent vers
les nuages, et que c'est là qu'ils imaginaient sa demeure, ils
confiaient au feu le soin de faire monter à lui, sous forme de
fumée, les présents qu'ils lui destinaient. Telle est l'origine
des sacrifices qui constituaient, chez les Grecs et les Romains,
tout comme chez les Israélites, une part majeure du service
divin. Les hommes, qui ne savent penser toute chose que sous
la forme de représentations sensibles, se firent bientôt des
images corporelles de la divinité avec de l'argile, du bois ou de
la pierre, chacun selon la représentation idéale qu'il se faisait
du plus terrible des êtres ; d'où les hideuses formes et figures
des dieux chez les peuples primitifs sans sensibilité pour le
beau et sans arts. Nécessairement, chacun devait aussi donner
à son dieu un nom particulier.

Lorsque plusieurs tribus se liaient les unes aux autres pour
faire cause commune, ou se trouvaient mélangées pour d'autres
raisons, alors chacune gardait son dieu. Pour affermir l'union
cependant, elles rassemblaient aussi leurs divinités particu-

lières en une société et les plaçaient toutes ensemble en un lieu unique[1] où le peuple tout entier les adorait en commun. La Grèce et Rome avaient leur Panthéon et chaque ville, de surcroît, son dieu protecteur. Le fait que ces nations aient été un mélange de peuples si divers est la cause principale de leurs nombreuses divinités et des si diverses légendes et histoires les concernant. Cela a donné naissance au polythéisme; comme ils trouvaient que la puissance selon eux limitée de la divinité n'était pas assez forte pour maîtriser seule l'étendue du Tout, ils attribuaient à une divinité particulière le règne sur un élément, des fonctions particulières, etc. Ils personnifiaient aussi les éléments, les pays et autres grandes entités, et leur imputaient, comme à un être agissant librement[2], ses effets et transformations. Il est pareillement connu qu'ils faisaient séjourner les héros méritants, après leur mort, auprès des dieux et qu'ils les vénéraient comme eux. Cette grande confusion qu'on observe dans la mythologie a encore été largement accrue par l'effort des érudits pour déchiffrer la signification de chaque fable. Pour ériger les effigies[3] des dieux, des lieux spécifiques furent choisis et des temples construits, qui se voyaient conférés une grande sainteté parce que l'on croyait que le dieu y habitait. Il ne fait aucun doute qu'on choisissait de préférence les hauteurs et les bosquets, parce que déjà leur spectacle a quelque chose de sublime[4] et que leur apparente proximité du ciel montre qu'ils peuvent être de façon privilégiée un séjour des dieux; en partie aussi parce qu'il n'est de meilleurs lieux que [celui qui offre] une vue magnifique sur le lointain, où on embrasse d'un coup un vaste fragment de la

1. *An Einen Ort* : la majuscule à *Einen* marque l'emphase.
2. *Als freihandelnden Wesen.*
3. *Bilder.*
4. *Erhabenes.*

belle création, ou que des forêts obscures et silencieuses, pour que l'âme d'un être solitaire, doué d'une vive sensibilité, se ravisse et s'exalte, parce qu'elle se croit sujette à de vraies apparitions et qu'elle croit voir une divinité.

Un être, empli de crainte à l'égard d'une chose, interprète toute circonstance par rapport à elle et est terrorisé par tout. De même, ces hommes peu éclairés[1], doués d'une vive imagination, emplis de la crainte de leur dieu et enracinés dans la croyance qu'il opère directement toutes les modifications de la nature et leur révèle de la sorte sa volonté, interprétaient toutes les circonstances imprévues comme l'expression de telles manifestations. Un Grec superstitieux ne s'engageait donc pas sur un chemin si une belette avait jailli devant lui ; il demandait conseil à un devin si une souris avait grignoté son sac de farine. De nos jours encore, on voit dans une comète la fin d'un monarque et dans le cri d'une chouette la mort prochaine d'un être humain.

À cela s'ajoutait aussi le désir des hommes de percer les destinées du futur. Ils croyaient que les dieux, dont il dépend bien, pourraient lever un peu le voile à leur profit et par certains signes leur accorder des présages ou les faire proclamer par des hommes avec qui ils sont en relation étroite.

Tous ces penchants, les plus intelligents et avisés de ceux que l'on avait choisis pour assurer le service de la divinité les remarquèrent. Ils virent que les peuples ne se laissent guider par rien aussi facilement que par la religion. Dès lors, comme il n'était rien dont ils pouvaient tirer meilleur avantage, [avec quoi ils pouvaient] satisfaire leurs désirs et passions, voire œuvrer pour le bien commun, que de l'exploitation de cette soumission, ils renforcèrent ces inclinations, captivèrent

---

1. *Ohne Aufklärung.* Mot à mot : « sans lumière(s) ».

l'imagination, la nourrirent et l'occupèrent dans une certaine direction par une accumulation de cérémonies sensuelles orientées vers ce but. Ils se protégèrent ainsi contre toutes les attaques de la raison en liant la religion à toutes leurs actions, et en les sanctifiant de la sorte. Ils dissimulèrent en partie les images des dieux à la vue commune et aux élans de la foule et leur donnèrent ainsi, en les entourant de secret, une plus grande dignité et souveraineté, et laissèrent aussi un cours plus libre à l'imagination[1]. Par le biais des oracles, les prêtres influaient sur toutes les affaires importantes. Ils étaient également en Grèce l'un des liens qui assuraient la cohésion des États si jaloux et si dissemblables, et les liaient en vue d'un intérêt commun.

Ainsi naquirent les religions de tous les peuples, y compris celle des Grecs et des Romains. Ce n'est que lorsqu'une nation atteignait un certain niveau de culture qu'en son sein des hommes à la raison plus éclairée[2] pouvaient apparaître, accéder à de meilleurs concepts de la divinité et les faire partager aux autres. De ce moment datent aussi la plupart des écrits qui nous sont demeurés de l'Antiquité. Les plus anciens nous sont importants, au moins du point de vue de l'histoire de l'humanité. Ils nous appellent toujours à révérer une providence et à suivre ses ordres assurément non arbitraires, par lesquels elle régit tout sagement, avec bonté et bienveillance. Cependant, les notions exactes sur la situation de la religion du peuple dans sa totalité ne peuvent être extraites de manière précise dans les œuvres de ses poètes. Ils traitaient la religion et l'histoire des dieux en tant que poètes, chacun selon son but ultime; ils ne devaient poser que les fondements des opinions générales. Et cette croyance populaire dans les qualités et le règne de la

---

1. *Einbildungskraft.*
2. *Aufgeheiterter Vernunft.*

providence fut presque la même à toutes les époques. La plèbe de tous les peuples attribue à la divinité des caractéristiques sensibles et humaines, et croit en des récompenses et punitions arbitraires. Au demeurant, ces opinions sont pour leurs passions le frein le plus puissant. Les arguments[1] de la raison et d'une plus pure religion ne sont pas assez efficaces face à elles.

Par contre, les sages de la Grèce, et leurs disciples, nous ont montré dans leurs écrits des concepts bien plus éclairés et plus sublimes de la divinité, en particulier à l'égard des destinées humaines. Ils enseignaient que la divinité confère à chaque homme les moyens et les forces suffisants pour parvenir au bonheur et qu'elle a agencé la nature des choses de telle manière que le bonheur véritable puisse être atteint par sagesse et par bonté morale. C'est sur ces principes que la plupart s'accordèrent dès lors : ce n'est que dans leurs spéculations sur la nature originelle de la divinité et d'autres choses incompréhensibles à l'homme qu'ils ont conçu des systèmes à vrai dire très différents. Considérés de ces points de vue, [certaines choses] parmi les concepts religieux, dont je n'ai d'ailleurs cité ici que quelques-uns, ne nous paraîtront plus incompréhensibles ou ridicules, si nous tenons compte du fait que des hommes, doués des mêmes facultés que nous, se sont fourvoyés en développant celles-ci par une formation inégale et une direction erronée.

L'effort répété[2] de ces hommes à rechercher la vérité nous convainc de la *difficulté d'atteindre à la vérité pure et non entachée d'erreurs* et montre combien souvent l'homme reste en panne au milieu du chemin qui mène à elle, osant certes souvent aller plus loin, souvent déviant du bon chemin, souvent

1. *Gründe.*
2. *Das vielfache Streben.*

ébloui par une apparence trompeuse, prenant une ombre pour la réalité. Ces efforts, aussi bien avortés qu'heureux, constituent pour nous des expériences déjà accomplies, que nous utilisons sans être exposés aux dangers, dont nous rassemblons et utilisons le bon, et qui peuvent nous prémunir des fausses routes.

De l'étude de leur histoire, nous apprenons à quel point il est ordinaire, du fait de l'habitude et de l'attachement périmé à certaines représentations, de prendre la plus grande insanité pour la raison, des folies scandaleuses pour la sagesse. Cela doit nous rendre attentifs aux *opinions dont nous avons hérité et qui ont été reproduites en nous, et nous inciter à soumettre à l'examen celles mêmes à l'égard desquelles jamais le doute ne nous avait effleurés, jamais le soupçon qu'elles pourraient être fausses ou vraies seulement à demi.* Cela doit nous réveiller de la somnolence et de l'inactivité qui nous rendent souvent si indifférents aux plus importantes vérités. Si ces expériences nous ont enseigné à tenir pour possible voire *vraisemblable* que, parmi nos convictions, nombreuses sont celles qui sont peut-être des erreurs, et nombreuses parmi celles d'un autre, qui pense autrement, sont peut-être des vérités, nous cesserons de haïr cet autre, de le juger sans ménagement. Nous savons à quel point il est facile de tomber dans l'erreur, aussi nous attribuerons cela rarement à la méchanceté et à l'ignorance, et nous deviendrons ainsi à l'égard des autres toujours plus justes et plus amis de l'humanité.

G.W.F. Hegel

À PROPOS DE QUELQUES TRAITS DISTINCTIFS CARACTÉRISTIQUES DES POÈTES ANCIENS

7 août 1788

À notre époque, le poète ne dispose plus d'une sphère d'influence aussi étendue. Les faits illustres de nos aïeux, ainsi que des Allemands d'aujourd'hui, ne sont pas enlacés dans notre constitution, et leur mémoire n'est pas préservée par la tradition orale. C'est simplement dans les livres d'histoire, issus en partie de nations étrangères, que nous apprenons à les connaître et, de surcroît, cette connaissance est réservée aux classes sociales les plus policées[1]. Les contes qui amusent le commun du peuple sont des récits d'aventure[2] qui n'ont de rapport ni avec notre système religieux ni avec l'histoire véritable. Les concepts et la culture des [différentes] classes sociales sont trop divers pour qu'un poète de notre époque puisse compter être compris et lu par tous[3]. C'est pourquoi notre grand poète épique allemand[4] n'a pas mis le choix sage

---

1. *Politizierteren Stände.* Autrement dit : les classes (ou les couches) les plus cultivées.

2. *Abenteuerliche Traditionen.* Mot à mot : traditions d'aventures.

3. *Allgemein :* universellement.

4. Il s'agit de Klopstock et de *La Messiade.*

de son sujet[1] entre autant de mains que si nos relations publiques[2] eussent été de type grec. Une partie [du public] s'est déjà éloignée du système sur lequel sont édifiés en partie le poème tout entier et en partie ses différents passages; l'autre partie [du public] est beaucoup trop préoccupée par le souci des multiples besoins et des commodités de la vie pour avoir le temps et le désir de s'élever et de s'approcher des concepts des classes supérieures. Nous intéresse l'art du poète, mais non plus la chose même, laquelle provoque souvent l'impression opposée.

Une propriété insigne et frappante des œuvres des Anciens est ce que nous nommons la *simplicité*, que l'on ressent plus qu'on ne saurait clairement la déterminer[3]. Elle tient proprement en ce que les écrivains nous présentent fidèlement l'image des choses, qu'ils ne cherchent pas par des traits secondaires raffinés, par d'érudites allusions, à la rendre plus intéressante ou, par de petits écarts par rapport à la vérité, plus brillante et plus charmante, ainsi qu'aujourd'hui nous l'exigeons. Ils expriment seulement et simplement chaque sensation sans dégager de chacune les multiples aspects[4] que l'entendement peut distinguer, et sans décomposer ce qui est obscur.

De plus, de ce que tout leur système d'éducation et de culture était d'une complexion telle que chacun avait acquis ses idées de l'expérience même et qu'ils ne connaissaient pas

> la froide érudition des livres qui ne s'imprime
> dans notre cerveau qu'avec des signes morts

1. *Gegenstand :* objet, mais ici au sens de thème, et donc finalement de sujet.

2. *Öffentlichen Verhältnisse :* relations publiques, situation sociale.

3. *Unterscheiden :* différencier, distinguer, discerner par l'entendement et donc déterminer avec du langage.

4. *Das Mannigfaltige*, littéralement : le multiple, le divers.

mais qu'ils pouvaient encore dire au sujet de tout ce qu'ils
savaient

> Comment ? où ? pourquoi ? ils l'avaient appris [1]

alors chacun devait avoir une forme d'esprit qui lui était propre
ainsi que son propre système de pensée, alors tous devaient
être *originaux*. Nous apprenons dans notre jeunesse la foule
courante des mots et des signes d'idées, et ils reposent dans
notre tête sans activité et sans usage. Peu à peu seulement, par
l'expérience, apprenons-nous à connaître notre trésor et à
penser quelque chose avec les mots, lesquels cependant sont
déjà pour nous des sortes de moules [2] d'après lesquels nous
modelons nos idées et qui déjà ont leur champ et leur limitation
déterminés, et d'après lesquelles nous sommes habitués à tout
voir. Là-dessus se fonde, soit dit en passant, l'avantage majeur
que procure *l'apprentissage des langues étrangères*, à savoir
que nous apprenons tantôt à rassembler universellement les
concepts, et tantôt à les séparer les uns des autres. De cette

---

1. Lessing, *Nathan der Weise*, V, 6. Si Recha, fille adoptive de Nathan, fait
remarquer qu'elle n'a pas beaucoup appris à travers les livres, son père étant
opposé à un tel enseignement livresque qui ne laisse dans l'esprit que des signes
morts, elle sait aussi que ce qu'elle a appris de son père, elle en a conservé un
véritable savoir :

RECHA — Eh bien, à vrai dire, j'ai grand peine à lire des livres !
SITTAH — Sérieusement ?
RECHA — Tout à fait sérieusement. Mon père aime trop peu
La froide érudition des livres qui ne s'imprime
Dans notre cerveau qu'avec des signes morts
SITTAH — Hé, que dis-tu là ? Il n'a tout de même pas
Tellement tort ! Et ainsi, maintes choses que tu sais…
RECHA — Je les sais uniquement de sa bouche
Et, pour la plupart, je pourrais encore te dire
Comment, où, pourquoi il me les a enseignées.

2. *Gleichsam Formen.* Le mot allemand *Form* peut avoir le sens littéral de
« moule ».

manière de cultiver propre à notre temps, il découle que, chez la plupart des hommes, les séries d'idées rassemblées et de mots appris courent *l'une à côté de l'autre* sans être reliées en un système unique[1], souvent sans s'être seulement touchées ou être en quelque endroit entrées en contact l'une avec l'autre.

Une autre chose caractéristique est que les poètes dépeignaient en particulier les phénomènes, tombant dans les sens extérieurs, de la nature visible avec laquelle ils étaient en connaissance familière; alors que nous sommes au contraire mieux instruits du *jeu interne des forces* et savons en général mieux les causes des choses que leur manière de paraître. Chez eux, chacun apprenait par soi-même à connaître les manières d'agir des autres classes sans avoir, du reste, eu le dessein de les apprendre. C'est pourquoi en aucune façon les mots artistiques n'étaient vulgaires[2]. Pour désigner les fines ombres dans le changement de la nature visible, nous disposons aussi assurément de mots, seulement ils n'ont cours que dans la langue vulgaire[3] ou sont devenus provinciaux. On remarque en général tout de suite dans les œuvres des Anciens qu'ils se livraient paisiblement au cours de leurs représentations et confectionnaient leurs œuvres *sans tenir compte d'un public*; tandis[4] que, chez les nôtres, il apparaît au premier coup d'œil[5] qu'elles ont été écrites par leurs auteurs avec la conscience qu'on allait les lire, ceux-ci s'imaginant en quelque sorte dialoguer avec leurs lecteurs.

---

1. *In Ein System*. Mot à mot : « en Un système ».
2. *Gemein*, commun, ordinaire, vulgaire.
3. *In der niedrige Sprache*.
4. *Da*. Il s'agit ici, bien sûr, de la conjonction et non de l'adverbe « là », mais dans une acception manifestement archaïque.
5. *Es fällt in die Augen*.

Nous observons également que dans les formes de poèmes encore en usage, ce furent les circonstances qui montrèrent la voie au génie des premiers grands inventeurs. Cette influence n'est nulle part aussi évidente que dans l'histoire de l'art poétique *dramatique*[1]. La tragédie tire son origine de fêtes grossières célébrées en l'honneur de Bacchus qui étaient accompagnées de chants et de danses (Tib. II, 1, 57; *Ars poëtica* d'Horace, v. 220). C'est la récompense qui lui donna son nom[2]. Au début elles n'étaient interrompues que par une seule personne, qui racontait de vieilles histoires de divinités. Eschyle fut le premier à recourir à deux personnes, créa une vraie scène de théâtre, au lieu de la hutte (σκηνή) en jeunes branches que l'on utilisait avant et qui, pour pouvoir représenter plusieurs scènes, était divisée en autant de pièces. Le spectateur était alors obligé de se déplacer de l'une à l'autre. Parallèlement à la mise en place d'une vraie scène de théâtre, les poètes qui suivirent remédièrent à cela grâce à l'unité de lieu, règle qu'ils ne sacrifièrent que rarement à des beautés plus grandes (comme dans l'*Ajax* de Sophocle, v. 815 *sq.*). Celui qui fut son premier véritable créateur donna aussi à la langue sa dignité solennelle, qui par la suite la distingua toujours. Ceci fait clairement apparaître comment naquit la forme particulière de la tragédie grecque, et avant tout la particularité du chœur. Si les Allemands, peu à peu, étaient parvenus d'eux-mêmes au raffinement, sans l'apport d'une culture étrangère, il n'est pas douteux que leur esprit eût pris un autre cours et qu'il aurait son propre théâtre allemand, au lieu que nous ayons emprunté la forme aux Grecs. Issue des farces grivoises

---

1. *Geschichte der dramatischen Dichtkunst.*

2. *Von der Belohnung erhielt sie den Namen.* Mot à mot: «de la récompense, elle reçut le nom».

(φαλλικα) des gens des campagnes, des Fescennins [1] chez les Romains (Aristot., *Ars poët.* Cap. II, κεφ. 4. Horat., Épîtres. II, Épodes 1, v. 139 *sq.*, et la remarque de Wieland là-dessus), leur comédie eut une origine identique. La nature elle-même enseigna aux hommes les plus frustes une sorte de poésie primitive que l'art allait ensuite, petit à petit, transformer en ce qui s'appelle, chez les peuples civilisés, la poésie [2]. Chez les Athéniens, dont Juvénal dit : *natio comoeda est* [3], ce dernier genre devait connaître une fortune toute particulière, tandis que les Romains, de par leur gravité, restèrent toujours imperméables au comique subtil.

Seuls ces deux genres de l'art poétique dramatique furent connus des Anciens. Quelques genres intermédiaires que l'on inventa pour complaire à une certaine sensiblerie des auditeurs (κατ ευχην ποιουντες τοις … ατρεις Aristot., *Ars poët.* VII, κεφ. 13), ne semblent avoir eu qu'une brève existence.

1. Fescennins : chants satiriques et licencieux en usage dans l'antiquité à Rome, surtout au moment des noces.
2. *Poesie.*
3. « La nation est comédienne ».

G.W.F. HEGEL

EXTRAIT D'UN DISCOURS PRONONCÉ À L'OCCASION DE LA SORTIE DU LYCÉE[1]

Si grande est donc l'influence de l'éducation sur la prospérité d'un État! Comme il est frappant de constater que sa négligence peut avoir de terribles conséquences pour une nation. Considérons les facultés naturelles des Turcs, considérons ensuite la rudesse de leur caractère et ce qu'ils accomplissent dans les sciences, et en comparaison nous reconnaîtrons et apprécierons notre grande chance que la Providence nous ait fait naître dans un État dont le Prince, convaincu de l'importance de l'éducation et de l'utilité courante et générale des sciences, a fait d'elles deux l'objet privilégié de sa haute sollicitude, édifiant à sa gloire, dans ce domaine également, d'inoubliables et durables monuments qu'une lointaine postérité saura encore admirer et bénir. La preuve la plus éloquente de ces excellentes convictions et de cette ardeur au service de la prospérité de la patrie, celle qui nous concerne au plus près – sont les fondements de cet institut qui repose sur l'idée sublime d'éduquer pour les besoins de l'État les membres qui pourront lui être utiles et lui rendre service. Le fait que ces fondements soient perfectionnés de toutes les manières possibles,

1. *Gymnasium.*

constamment soutenus et rendus prospères, c'est, après *Karl*, à vous, très vénérables Maîtres, que nous le devons. Quiconque à qui importe le bonheur de sa patrie doit honorer ces efforts incessants qui sont les vôtres de la plus ardente gratitude. Soyez remerciés pour les innombrables et inestimables bienfaits que vos bonnes grâces nous destinèrent depuis notre âge le plus tendre dans cet établissement béni des sciences et de l'éducation. Soyez particulièrement remerciés pour notre admission des plus bienveillantes dans les institutions supérieures destinées à la poursuite de notre formation où, sous votre sage direction et votre bienfaisante surveillance, nous continuons et complétons notre carrière sur une voie nouvelle. Il est ici de mon devoir de vous adresser publiquement, à vous aussi très chers professeurs, mes remerciements les plus ardents. Soyez remerciés pour votre enseignement dans tout ce qui mérite connaissance, pour nous avoir conduits vers tout ce qui est bon et noble. Soyez aussi remerciés pour avoir paternellement corrigé nos nombreuses erreurs [1]. Pardonnez-nous, vénérables guides de notre jeunesse, nos manquements contre les mises en garde que vous prononçâtes pour notre bien et dont le jeune homme inexpérimenté ne sait pas toujours estimer la sagesse.

Vous cependant, chers amis et camarades d'études, qui vous trouvez encore sur le chemin que nous avons pour partie parcouru en votre compagnie et que nous venons désormais d'achever, soyez assurés que nous apprenons d'ores et déjà à

---

1. B. Teyssèdre remarque que le *Gymnasium* de Stuttgart, collège pour « fils de famille », était le plus conservateur de l'un des plus conservateurs États d'Allemagne, qu'il y régnait une discipline toute médiévale avec de « fréquents recours aux châtiments corporels » et que Hegel y fait sans doute allusion ici en évoquant les « paternelles corrections » de ses maîtres. *Cf.* B. Teyssèdre, « Hegel à Stuttgart », art. cit. *supra*.

reconnaître, trop tardivement pour ce qui appartient au passé,
combien le fait de ne pas respecter les mises en garde de nos
professeurs et supérieurs peut avoir des conséquences domma-
geables et que nous en serons de plus en plus convaincus
à mesure que s'étofferont nos expériences et mûriront nos
connaissances. Le sentiment de l'importance de votre vocation ne laissera pas de vous donner un courage neuf et peu à
peu l'amour de votre ouvrage, lequel vous récompensera par
une félicité et des plaisirs plus nombreux, plus authentiques et
plus durables que ne pourraient le faire les inventions les plus
subtiles de la sensibilité. Prenons ensemble la ferme résolution
de nous montrer dignes de cette sollicitude et de cette bienveillance par notre assiduité et notre bonne conduite. Prions la
Providence pour qu'il lui plaise d'honorer nos efforts et de les
récompenser. Qu'elle n'ait de cesse de consolider vos forces
et votre santé et fasse que vos années atteignent les bornes les
plus lointaines de l'âge humain. La conscience joyeuse de tout
le bien qui a été accompli et le regard paisible sur les années
écoulées – récompense d'une vie placée sous le signe de
l'activité –, les fruits réjouissants dont certains déjà mûrissent
grâce à vos efforts, que vous verrez en partie s'épanouir, ces
bénédictions de tous les hommes droits, puissent-ils *à ceux-là
même* adoucir les épreuves de l'âge et, dans une joie sereine,
puissiez-vous tourner vos regards vers l'éternité qui rétribue
tout à sa juste valeur.

G.W.F. HEGEL

À PROPOS DE QUELQUES AVANTAGES QUE NOUS PROCURE LA LECTURE DES AUTEURS CLASSIQUES DE L'ANTIQUITÉ GRECQUE ET ROMAINE

Décembre 1788

Le prestige dans lequel se sont maintenus avec une même force durant presque tous les siècles les auteurs de l'antiquité grecque et romaine, à ceci près bien sûr qu'on ne les apprécia pas à chaque époque pour les mêmes raisons, nous les rend nécessairement remarquables; il est vrai que s'ils n'avaient d'autres mérites que ceux qu'on leur trouva jadis, aucun autre usage que celui que l'on fit d'eux pendant longtemps, ils attireraient sans doute autant notre attention que le fait un cabinet d'armes anciennes qui nous est devenu inutile. Sans aucune autre valeur que celles-là se seraient-ils difficilement maintenus à notre époque qui, principalement pour les raisons suivantes, les trouva aptes à contribuer à la formation de l'esprit [1].

En premier lieu, parce qu'ils sont d'une extrême utilité pour qu'on en tire les concepts qui sont la matière qu'élaborent les autres facultés de l'esprit [2].

---

1. *Bildung* est ici traduit par « formation de l'esprit ».
2. *Seelenkräften.*

Ne serait-ce qu'une infime connaissance de ces œuvres et
le sentiment propre nous montrent que ces auteurs avaient
toujours puisé leurs descriptions dans la nature même et qu'ils
avaient assemblé eux-mêmes les expériences qu'ils nous
rapportent. Par l'étude de leur constitution politique et de leur
système d'éducation, nous comprenons encore mieux que les
connaissances de chacun d'entre eux étaient très éloignées de

> la froide érudition des livres qui ne s'imprime
> dans notre cerveau qu'avec des signes morts

comme Lessing dans son *Nathan* [1] appelle la somme des mots
dénués de sens [2] dont on emplit nos têtes depuis notre jeune âge
et qui constitue en grande partie notre système de pensée.
Cette formation de leur [esprit] [3] a nécessairement laissé son
empreinte aussi dans leurs écrits. Leurs descriptions de la
nature, tant visible que morale, sont pour cette même raison
plus sensibles, donc plus vivantes et plus faciles à comprendre ;
dans leurs études abstraites, tant sur des objets de morale que
de métaphysique, nous voyons toujours l'allure de leur spécu-
lation, partant d'expériences, déduisant des conséquences [4] de
leurs observations et construisant encore au-delà à partir de
celles-ci. En outre, compte tenu de la différence de nature, de
degré et de démarche de leur culture [5], laquelle n'était que peu
déterminée de l'extérieur, ils voyaient nécessairement les
choses sous des rapports différents et exprimaient ces relations

---

1. Lessing, *Nathan der Weise*, V, 6. Voir *supra*, p. 30, note 1.

2. *Begriffslosen Worte*, littéralement : « mots vides de concept ».

3. *Dieses Bildung ihres [Geistes] :* le mot entre crochets a été ajouté par
l'éditeur.

4. *Schlüsse ziehen*, qui peut signifier « tirer des conclusions » ou « déduire
des conséquences ».

5. *Kultur*.

réciproques dans leur langue, possédaient ainsi des concepts que nous ne pouvons pas avoir car il nous manque les mots pour cela; si par un pur hasard on remarque une telle relation ou ressemblance, l'impression, par manque de mot, est trop fugace pour que nous puissions retenir l'obscur concept. À cet égard aussi, la langue est pour nous une collection très limitée de concepts déterminés au moyen desquels nous modelons tout ce que nous voyons ou remarquons. Un avantage essentiel que nous procure l'apprentissage des langues étrangères est bien sûr d'enrichir de cette manière nos concepts; en particulier lorsque la culture [1] des peuples qui parlaient cette langue était différente de la nôtre.

Mais les Anciens, en particulier les Grecs – dont il est surtout question ici, les écrits des Romains, sans tenir compte de leur contenu, n'étant la plupart du temps que des copies de ceux-là –, avaient dans leur langue une étonnante richesse de mots pour exprimer les phénomènes de transformation dans les objets sensibles et la nature visible, les nuances les plus fines de celle-ci, en particulier aussi les différentes modifications des passions, des humeurs et des caractères; certes, notre langue dispose elle aussi d'une grande réserve de tels mots; elle serait encore plus importante toutefois si la plupart d'entre eux n'étaient pas soit provinciaux, soit populaires, et n'avaient été dans les deux cas bannis de la langue du monde civilisé et des livres. Les tentatives d'intégration de ces concepts dans notre langue donnent matière à un examen plus précis des mots selon leurs déterminations les plus fines et à une utilisation plus juste. On constate de soi-même combien, à travers de telles recherches sur les différences des mots, les

---

1. *Kultur.*

concepts gagnent en détermination[1] et combien, ce faisant, on aiguise et exerce l'entendement.

En outre, les auteurs de l'Antiquité issus de l'époque florissante de la culture[2] de leur nation procurent le grand avantage de former le goût. D'une façon générale, le goût est le sentiment du beau. Cela constitue déjà un gain suffisant que la faculté sentante de notre esprit[3] en sorte développée et fortifiée ; une expression vraie du sentiment touche toujours le cœur et éveille la sympathie qui, dans la situation qui est la nôtre, est trop souvent opprimée ! Et où pouvons-nous trouver de meilleurs modèles du beau que dans une nation chez qui tout avait l'empreinte de la beauté, où les facultés esthétiques de l'esprit[4] avaient matière à se développer, où les sages et les héros faisaient des offrandes aux grâces.

Pour ce qui est de la connaissance historique[5], leurs historiens[6] sont des jalons extrêmement estimables. – Pour nous, ils sont remarquables de deux points de vue 1) eu égard à l'art historique dans lequel sans doute aucune nation ne les précéda et bien peu les égalèrent. On voit toujours les motifs, les causes, la tournure des événements se dérouler tout naturellement devant ses yeux ; les caractères et les passions des protagonistes se présentent d'eux-mêmes à partir de leurs actions, sans qu'il soit nécessaire à l'auteur d'en raffermir les traits. En même temps, l'ensemble est exposé dans la plus

---

1. *An Bestimmtheit*, littéralement : « en déterminité ». La distinction hégélienne entre *Bestimmung* (détermination), *Bestimmbarkeit* (déterminabilité) et *Bestimmtheit* (déterminité), est bien sûr très postérieure ! Hegel veut simplement dire ici : « en précision ».

2. *Kultur*.

3. *Seele*.

4. *Ästhetischen Seelenkräfte*.

5. *Historie*.

6. *Geschichtschreiber*.

noble simplicité, aussi bien pour ce qui est de l'expression que
de la pensée ; 2) eu égard à l'histoire de l'humanité. Nous
voyons ici se développer l'esprit humain dans des situations et
des circonstances particulières. Du nombre et de l'esprit des
écrits subsistants, nous pouvons extraire une histoire complète
de leur culture, et bon nombre de phénomènes d'autre nature
peuvent y être davantage mis en lumière ; pour donner un
exemple, un certain nombre d'éléments dans la culture, les
habitudes, les mœurs et les usages du peuple israélite, qui a eu
et a encore tant d'influence sur nous, peuvent être expliqués
plus naturellement et de manière plus compréhensible à travers
eux. Car, d'une façon générale, l'esprit humain était de tout
temps le même, seule son évolution est modifiée diversement
par la diversité des circonstances.

Enfin, étant donné que les œuvres des Anciens, comme il a
déjà été dit, sont si supérieurement utiles pour l'acquisition des
concepts, on voit alors combien leur lecture constitue une
préparation adéquate à l'étude de la philosophie[1]. Grâce à eux,
on est déjà muni d'une réserve de concepts abstraits et d'une
force de pensée au moins un peu entraînée. Surtout, étant
donné que, pour de nombreuses parties de cette science, ils
contiennent au moins les germes et les premières causes qui,

---

1. La culture classique, gréco-romaine, comme propédeutique à la
philosophie : cette thèse défendue au sortir du lycée, à dix-huit ans, par Hegel
sera toujours présente dans sa pensée de maturité, et justement lorsqu'il sera
professeur-proviseur à Nüremberg. Sans doute même Hegel estimera-t-il alors
que l'on ne peut guère aller au-delà, c'est-à-dire jusqu'à enseigner la philosophie elle-même au *Gymnasium*, ainsi qu'il le laisse entendre, d'une manière
certes quelque peu contournée mais finalement claire, à F.E. Niethammer,
conseiller scolaire au royaume de Bavière et ami de Hegel. Sur cette question,
Cf. A. Simhon, « Hegel sans secret. L'exotérisme hégélien ou le penser
concret », en annexe de G.W.F. Hegel, *Qui pense abstrait ?*, édition bilingue,
Paris, Hermann, 2007.

en des temps plus récents, ont été plus clairement discutés, développés, et plus précisément définis. Les nombreuses contradictions des philosophes de l'Antiquité, en particulier dans leurs spéculations sur la partie pratique de la sagesse du monde[1], ont au moins allégé la difficulté à trouver le juste milieu où se trouve la vérité.

Voilà mes remarques concernant quelques avantages que confère l'étude des Anciens; à de nombreux endroits il leur manquera la détermination[2] et l'exhaustivité qui convient.

Ce n'est pas ici le lieu, et je ne suis pas en mesure, pour ce qui est du contenu, de me prononcer sur ce qu'un homme mûr trouvera à leur lecture, lequel peut confronter leurs remarques avec ses propres expériences et effectuer des comparaisons, et a considéré et examiné les nombreuses représentations et nombreux systèmes du bonheur poursuivis par l'être humain, et les a lui-même vécus durant un certain temps.

---

1. *Weltweisheit*, « sagesse du monde », nom parfois donné à la philosophie par opposition à une sagesse révélée. Pour comparaison, signalons que le Hegel de la maturité récusera pour désigner sa propre pensée le terme d'origine grecque de « philosophie », non pas au profit de celui de l'allemand *Weltweisheit* mais, dans la lignée de Fichte, au profit de celui de science, *Wissenschaft* (cf. *La Phénoménologie de l'esprit*, Préface, al. 5). On peut signaler deux explications du Hegel de maturité avec le terme de *Weltweisheit*, d'une part dans les *Aphorismes sur le non-savoir et sur le savoir absolu* (dans G.W.F. Hegel, *Écrits sur la religion 1822-1829*, trad. fr. Ph. Grosos et J.-L. Georget, Paris, Vrin, 2001, p. 109) et, d'autre part, dans l'*Encyclopédie des sciences philosophiques*, t. III, *La philosophie de l'esprit*, § 552, Rem. (trad. fr. B. Bourgeois, Paris, Vrin, 1988, p. 336).

2. *Bestimmtheit*.

LA RELIGION EST UNE DES AFFAIRES
LES PLUS IMPORTANTES DE NOTRE VIE
UN FRAGMENT DE TÜBINGEN (1792-1793)

PRÉSENTATION

La religion est une des affaires les plus importantes de notre vie[1].
– L'analyse de l'évolution de l'écriture (de la manière de former des
lettres) du jeune Hegel montre d'une manière très nette que ce texte est
antérieur à ceux de la période de Berne, rédigés à partir du début
de l'année 1794[2]. Un manuscrit vraisemblablement contemporain
de notre texte permet d'avancer, grâce à une référence à un écrit de
Fichte, qu'il doit avoir été écrit après le mois d'août 1792. Ce manuscrit contemporain du fragment ici traduit commence en effet par ces
questions : « Dans quelle mesure estimer la religion : en tant que
subjective ou en tant qu'objective ? Faut-il l'estimer en prenant en
compte principalement les sentiments ? L'objective est plutôt théologie, voir Fichte, Introduction. Dans quelle mesure le raisonnement
peut-il se mêler à une religion sans qu'elle cesse d'être religion ? »[3].

1. Le titre n'est pas de Hegel. La première phrase du texte est utilisée
comme titre.
2. *Cf.* G. Schüler, « Zur Chronologie von Hegels Jugendschriften », *Hegel-
Studien*, vol. 2, Bonn, H. Bouvien u. Co. Verlag, 1963, p. 111-156 ; en particulier p. 138-139. Les manuscrits des écrits de jeunesse de Hegel sont dans une
bibliothèque publique de Berlin.
3. Hegel, *Gesammelte Werke*, 1 *Frühe Schriften*, I, p. 75.

Le texte de Fichte auquel Hegel renvoie est certainement l'*Essai d'une critique de toute révélation*[1]. Or cet essai de Fichte est paru chez un éditeur de Königsberg à la foire de Pâques 1792 (en avril). Cependant, par une inadvertance de l'éditeur, il ne porte aucun nom d'auteur. Plusieurs comptes rendus l'attribuèrent sans hésiter à Kant, ce qui lui assura une importante diffusion et un accueil favorable[2]. Par une note parue le 22 août dans un journal littéraire, Kant démentit être l'auteur de l'essai qui lui était attribué et fit connaître le nom de l'auteur[3]. Hegel n'aurait donc pu attribuer cet *Essai* à Fichte avant la fin du moins d'août 1792.

Si l'on croit pouvoir déceler dans le fragment ici traduit les indices d'une lecture du livre de Kant sur la religion, *La religion dans les limites de la simple raison*[4], paru à la foire de Pâques 1793, on affirmera alors que sa rédaction n'a pas pu commencer avant le printemps 1793. On pourrait aussi faire valoir le fait que Hegel a probablement dû profiter des vacances d'été, passées en 1793 dans la maison

---

1. Fichte y distingue en effet la théologie de la religion. La théologie, explique-t-il (non pas dans l'*Introduction*, comme l'indique erronément Hegel, mais dans les paragraphes 2 et 3), n'est pas ce qui détermine notre volonté : elle est « connaissance morte sans influence pratique »; la religion comprend certes en elle les principes de la théologie mais en tant qu'ils « agissent de manière pratique sur nous ». Cette distinction entre religion comme principes qui « agissent de manière pratique sur nous », et théologie comme « connaissance morte sans influence pratique », s'exprime chez le jeune Hegel à travers une distinction entre religion subjective et religion objective. La religion subjective « agit de manière pratique sur nous » en agissant sur notre sensibilité, tandis que la religion objective est l'affaire de l'entendement. Cependant le véritable sujet de la religion subjective, pour le jeune Hegel, c'est le peuple, non l'individu.

2. *Cf.* X. Léon, *Fichte et son temps*, Paris, Armand Colin, 1954, p. 141 *sq.*

3. Kant termine sa note en ces termes : « J'ajoute que ni par écrit ni de vive voix je n'ai eu la moindre part dans le travail de cet homme expert (…) et je considère comme un devoir d'en laisser tout entier l'honneur à celui auquel il revient », cité par X. Léon, *op. cit.*, p. 143.

4. Plusieurs commentateurs, depuis Nohl, mais aussi les éditeurs de la *Gesammelte Werke*, ne semblent avoir aucun doute à ce sujet. Cf. *Gesammelte Werke*, *Frühe Schriften I*, p. 474-475. Cependant on ne trouve dans les écrits du jeune Hegel aucune référence explicite au texte de Kant sur la religion.

familiale à Stuttgart, pour rédiger ce texte relativement long. Cependant il ne s'agit que d'hypothèses. Rien ne permet d'affirmer avec certitude que Hegel ait lu l'essai de Kant sur la religion dès sa parution, ni au cours de l'année 1793 (ni du reste quand il était précepteur à Berne ou à Francfort). Contentons-nous dès lors d'affirmer, plus prudemment, que le fragment *La religion est une des affaires les plus importantes de notre vie* a été écrit après le mois d'août 1792 (en raison de la référence à Fichte comme auteur de l'*Essai d'une critique de toute révélation*) et avant l'hiver 1793 (pour des raisons strictement « externes », liées à l'écriture).

Quand il rédige ce texte, Hegel a donc 22 ou 23 ans. Bénéficiaire d'une bourse ducale, il est étudiant (« séminariste ») dans une faculté de théologie protestante, le *Stift* de Tübingen, fondé par les ducs du Wurtemberg pour y former des pasteurs. Il y a obtenu le titre de « maître en philosophie » (*Magister der Philosophie*) en septembre 1790, après un cursus de deux années, et se prépare à obtenir, où vient de recevoir, en septembre 1793, le titre de « candidat en théologie ».

Le thème central qui anime ce fragment – le seul fragment de cette période qui présente un véritable développement [1] – se laisse résumer à partir de la question posée au cœur du fragment : « comment une religion populaire devrait être constituée pour (…) conduire le peuple vers une religion rationnelle et l'y rendre réceptif ? ». La question semble exprimer un idéal qui était en vogue au sein de l'*Aufklärung*. Cependant, aux yeux du jeune Hegel, il n'est pas question d'en appeler à une religion rationnelle qui ne serait plus populaire, c'est-à-dire à une religion dont les usages n'émaneraient plus de l'esprit du peuple, de sa sensibilité et de son imagination : « c'est de celui-ci qu'ils doivent à vrai dire surgir, autrement la pratique de ces usages serait sans vie, froide, sans force, les sentiments qu'ils engendrent en seraient pompés de manière artificielle ». Le fragment s'achève par l'évocation nostalgique d'une époque, celle de la Grèce ancienne, où la religion était publique, liée à l'esprit d'un peuple, car elle n'était pas

---

1. Les autres fragments de la période de Tübingen qui nous sont parvenus ne sont que des notes de deux ou trois pages.

défigurée, vidée de sa substance vivante par les exigences de la
« froide raison ». Le désir d'une union entre raison et religion, entre
moralité et mœurs, se fait sentir. Mais l'idée d'un achèvement ou d'un
accomplissement moderne de la religion dans la raison elle-même est
encore lointaine.

La présente traduction de ce « Fragment de Tübingen » (1792-
1793) est établie à partir de l'actuelle édition de référence des
Gesammelte Werke[1]. Le fragment s'y trouve nommé par les premiers
mots qui le composent : *Religion ist eine der wichtigsten Angelegen-
heiten* [texte 16] et se situe au Tome premier, première partie, de cette
édition aux pages 83-114.

Robert LEGROS

---

1. Traduction et notes par R. Legros d'après *Gesammelte Werke*, t. I,
Frühe Schriften I, hrsg. von F. Nicolin und G. Schüler, Hamburg, Felix Meiner
Verlag, 1989.

G.W.F. Hegel

LA RELIGION EST UNE DES AFFAIRES LES PLUS IMPORTANTES DE NOTRE VIE UN FRAGMENT DE TÜBINGEN (1792-1793)

La religion est une des affaires les plus importantes de notre vie [1] – déjà enfants on nous enseignait à bredouiller des prières à la divinité, déjà nos petites mains furent jointes pour être élevées vers l'être suprême, notre mémoire encombrée d'un ensemble de phrases qui alors nous étaient encore incompréhensibles, destinées à un usage et une consolation dans notre vie future.

Quand nous devenons adultes, les affaires de la religion prennent une grande place dans notre vie; qui plus est, chez de nombreuses personnes c'est le cercle entier de leurs pensées et de leurs inclinations qui est en rapport avec la religion, comme

1. Sur ce fragment, on consultera principalement Aspelin, *Hegels Tübinger Fragment*, Lund Universitets Arsskrift, 1933; Th. Haering, *Hegel. Sein Wollen und sein Werk*, I, Aalen, Scientia Verlag, 1963, p. 59-115; H.S. Harris, *Le développement de Hegel*, 1. *Vers le soleil 1780-1801*, Lausanne, L'Âge d'Homme, 1981, p. 109-132; D. Janicaud, *Hegel et le destin de la Grèce*, Paris, Vrin, 1975, p. 37-40; J. Taminiaux, *La nostalgie de la Grèce à l'aube de l'idéalisme allemand*, La Haye, Martinus Nijhoff, 1967, p. 4-15; R. Legros, *Le jeune Hegel et la naissance de la pensée romantique*, Bruxelles, Ousia, 1980. Sur la vie de Hegel au *Stift* de Tübingen, on pourra consulter K. Rosenkranz, *Vie de Hegel*, Paris, Gallimard, 2004, p. 125-146, et J. D'Hondt, *Hegel*, Paris, Calmann-Lévy, 1998, p. 45-74.

la roue avec son moyeu. En plus des jours de fête, nous lui consacrons le premier jour de chaque semaine, un jour qui depuis notre jeunesse nous apparaît sous une lumière plus belle et plus solennelle que tous les autres jours. Nous voyons autour de nous des hommes qui appartiennent à cette classe particulière qui est exclusivement vouée au service de la religion; un élément religieux se greffe sur tous les événements et sur toutes les actions qui revêtent une grande importance dans la vie des hommes et dont dépend leur bonheur personnel, déjà sur la naissance, sur le mariage, sur la mort, sur l'enterrement.

L'homme réfléchit-il, devenu adulte, sur la nature et les propriétés de l'être, particulièrement sur le rapport qu'entretient le monde avec cet être vers lequel s'orientent tous ses sentiments? La nature humaine est ainsi faite que ce qui est pratique dans la doctrine qui porte sur Dieu – ce qui, pour l'homme, peut devenir un mobile, ce qui donne l'impulsion à son action, ce qui est source de la connaissance des devoirs et source de consolation – se présente bientôt à l'esprit humain non corrompu, et la leçon qu'on nous en donne depuis notre jeunesse, les concepts, tout le côté extérieur qui s'y rapporte et ce qui fait impression sur nous, tout cela se constitue en se greffant sur un besoin naturel de l'esprit humain – y est noué souvent immédiatement, mais trop souvent malheureusement avec une intention arbitraire par des liens qui ne sont fondés ni dans la nature de l'âme, ni dans les vérités à tirer et à développer à partir des concepts eux-mêmes (…)[1].

... mettre la vie humaine en mouvement – ni l'exigence sublime de la raison à l'égard de l'humanité, exigence dont nous reconnaissons si souvent de tout cœur la légitimité, pour

1. Manquent ici des pages du manuscrit, qui ont été perdues.

autant que notre cœur en soit pénétré, ni les descriptions attrayantes qu'une imagination pure et belle produisait d'hommes innocents ou sages ne devraient s'imposer à nous au point que nous espérions rencontrer beaucoup de tels hommes dans le monde réel et croirions saisir ou voir ici ou là cette belle image éthérée dans la réalité : le mécontentement suscité par ce que nous rencontrons, notre humeur contrariée, troubleraient moins souvent nos sens. Ne nous effrayons donc pas si nous croyons devoir admettre que la sensibilité constitue l'élément fondamental en toute action et en tout effort de l'homme ; il est tellement difficile de discerner si c'est la simple intelligence ou la moralité effective qui est le fondement de la détermination de la volonté. La satisfaction du désir de félicité reconnu comme but suprême de la vie, pourvu qu'on sache bien calculer, produira, selon l'apparence extérieure, les mêmes conséquences que si la loi de la raison déterminait notre volonté. Si précisément que doive être séparée *in abstracto* la pure moralité de la sensibilité dans un système de morale et si forte que soit en celui-ci la soumission de cette dernière à l'égard de cette pure moralité, tout autant devons-nous, lorsque nous envisageons l'homme en général et sa vie, tenir compte surtout de sa sensibilité, de sa dépendance à l'égard de la nature extérieure et intérieure, à l'égard de ce qui l'entoure et en quoi il vit, à l'égard de ses inclinations sensibles et de l'instinct aveugle ; la nature de l'homme n'est en quelque sorte qu'imbibée par les idées de la raison : comme le sel imprègne un plat ; tout comme la lumière pénètre tout et remplit tout, manifeste son influence dans la nature entière mais ne peut être présentée comme substance bien qu'elle donne leur forme aux objets, se réfracte différemment en chacun d'eux, dégage des plantes un air sain – ainsi les idées de la raison animent toute la texture des sensations de l'homme, ainsi sous leur influence, l'action lui apparaît-elle sous une lumière propre ; elles-mêmes apparaissent rarement dans leur essence mais leur effet pénètre cependant tout comme une matière subtile et donne à chaque penchant et à chaque pulsion une touche propre [1].

A. 1)

Du concept même de religion il résulte qu'elle n'est pas simplement science de Dieu, science de ses propriétés, de notre rapport avec lui, du rapport entre lui et le monde, science de l'immortalité de notre âme – tout ceci pourrait à la rigueur être ou accessible à la simple raison ou même nous être connu par une autre voie –, il résulte qu'elle n'est pas une connaissance simplement historique ou raisonnée mais qu'elle concerne le cœur, à une influence sur nos sentiments et sur la détermination de notre volonté – en partie du fait que nos devoirs et les lois acquièrent un plus grand poids par là même qu'ils peuvent être représentés comme les lois de Dieu, en partie du fait que la représentation de la sublimité et de la bonté de Dieu à notre égard remplit notre cœur d'émerveillement et de sentiments d'humilité et de reconnaissance. La religion donne donc à la moralité et à ses mobiles un nouvel élan plus sublime, elle renforce la digue destinée à retenir la puissance des impulsions sensibles. Chez l'homme sensible, la religion aussi est sensible, les mobiles religieux qui poussent à bien agir doivent être sensibles pour pouvoir agir sur la sensibilité ; certes, elles y perdent habituellement en dignité, en tant qu'elles sont des impulsions morales, mais elles ont acquis par là un aspect si humain, se sont incorporées si intimement à nos sentiments que nous oublions souvent facilement, attirés que

1. Dès ses premiers écrits, Hegel conçoit la sensibilité comme imbibée par des idées. Cette conception d'une sensibilité intrinsèquement spirituelle, qui va à l'encontre du dualisme kantien, sera au cœur de la pensée romantique. Sur la notion romantique de sensibilité spirituelle, *cf.* R. Legros, *L'idée d'humanité*, Paris, Grasset, 1990, rééd. Paris, Le livre de poche, 2006.

nous sommes par notre cœur et par la belle imagination, qu'une froide raison désapprouve de telles représentations [1] ou même interdit ne fût-ce que de vouloir dire quelque chose à leur propos.

Quand on parle de religion publique, on entend par là les concepts de Dieu et d'immortalité et ce qui les accompagne dans la mesure où ils constituent la conviction d'un peuple et où ils influencent les actions et modes de pensée de ce peuple ; en font partie, en outre, les moyens par lesquels ces idées sont d'une part enseignées au peuple et d'autre part rendues aptes à pénétrer le cœur ; par cette influence, il ne faut pas seulement entendre celle qui est immédiate et qui fait que je ne vole pas parce que Dieu l'interdit : on doit surtout mettre en évidence les influences les plus éloignées, qui sont souvent les plus importantes. Principalement : l'élévation et l'anoblissement de l'esprit d'une nation [2], le fait que le sentiment de sa dignité, si souvent assoupi, soit éveillé en son âme, le fait que le peuple ne s'avilisse pas et ne se laisse pas avilir, le fait qu'il ne se sente pas seulement comme (ensemble d')hommes mais que des teintes plus douces d'humanité et de bonté soient ajoutées au tableau.

---

1. *En marge :* « images » [*Bilder*]

2. *Geist einer Nation*, et plus loin *Volksgeist :* ces expressions donnent naissance à la notion romantique d'« esprit ». Tandis qu'auparavant l'esprit était opposé à ce qui était déterminé comme sensible, corporel, matériel, physique, il va être pensé par le romantisme comme équivalent à une certaine sensibilité, et celle-ci, par là même, à une certaine spiritualité. L'esprit d'un peuple désigne en effet sa sensibilité : sa manière de sentir, de ressentir, d'agir, d'éprouver, d'être. Cette nouvelle compréhension de l'esprit (de la sensibilité) conduira à chercher l'esprit d'un peuple non pas dans sa manière de se détacher de son ancrage sensible et de ses particularités contingentes, mais tout au contraire dans les déterminations qui lui sont propres : sa langue, sa religion, sa culture, sa poésie, ses coutumes, ses mœurs.

Les doctrines principales de la religion chrétienne sont probablement restées identiques depuis son origine mais, en fonction des circonstances historiques, il arriva qu'une doctrine fût complètement éclipsée tandis qu'une autre prenait l'avantage, était mise en lumière et déformée aux dépens de celle qui fut mise dans l'ombre : ou bien trop étendue ou bien trop limitée.

Toute la masse des principes religieux et des sentiments qui en découlent, et surtout le degré de l'intensité avec laquelle ils peuvent influencer la manière d'agir, voilà ce qui importe dans une religion populaire. Les idées religieuses ne peuvent pas faire grande impression sur un esprit [1] opprimé qui a perdu la vigueur de sa jeunesse sous le poids de ses chaînes et qui commence à vieillir.

Le génie juvénile d'un peuple [2] – [par opposition au] génie vieillissant –

... celui-là éprouve le sentiment de lui-même et jubile d'allégresse en sa force, vole avec avidité sur ce qui est nouveau, s'y intéresse de la manière la plus vivante, certes l'abandonne peut-être aussitôt et s'empare d'autre chose mais jamais d'une chose qui puisse être en mesure de vouloir imposer des chaînes à son cou libre et fier ; le génie vieillissant se caractérise surtout par un attachement opiniâtre à la tradition à tous égards, porte par conséquent les chaînes comme un

---

1. Au-dessus du mot esprit [*Geist*] est écrit : « génie » [*Genius*].
2. L'expression « génie d'un peuple » [*Genius eines Volkes*] correspond à l'idée de *Volksgeist*. Le terme de génie est pris en effet dans le sens où Chateaubriand parlera du génie du christianisme pour évoquer ce qui fait son originalité, sa particularité, son esprit propre. Le génie désignera pour le romantisme cette aptitude à être en adéquation avec les forces sensibles qui animent la nature d'un être, à exprimer les tendances d'une « sensibilité » sans les détourner de ce qui les rend originales, sans les brider par une réflexion objectivant, les brimer au nom de l'universel.

vieillard supporte la podagre contre laquelle il maugrée mais dont il ne peut se débarrasser, se laisse bousculer et rabrouer comme un esclave par son maître, mais ne savoure qu'à demi conscient, et n'est ni libre ni ouvert, sans la joie sereine et belle qui invite les autres à la sympathie – ses fêtes sont des bavardages comme pour un vieillard pour lequel rien n'est mieux que jaser, sans exclamations bruyantes, sans une jouissance pleine de vitalité.

Discussion sur la différence entre religion objective et religion subjective ; importance de cette discussion pour toute la problématique.

La religion objective est *fides quae creditur*, l'entendement et la mémoire[1] sont les forces qui agissent en elle ; elles examinent les connaissances, réfléchissent et retiennent, ou encore les croient. Les connaissances pratiques peuvent également appartenir à la religion objective, mais dans cette mesure elles ne constituent qu'un capital mort – la religion objective se laisse ordonner en pensée, mettre en système, présenter dans un livre et exposer aux autres par le discours ; la religion subjective ne se manifeste que dans des sentiments et des actions – quand on dit d'un homme qu'il a de la religion, cela ne signifie pas qu'il en a une connaissance approfondie, mais bien qu'il sente en son cœur les actions, les miracles, la proximité de la divinité, que son cœur reconnaît et voit Dieu dans sa nature, dans le destin des hommes, qu'il s'incline devant Dieu, le glorifie dans ses actes, qu'il ne veille pas

---

1. Sur le thème de la mémoire mise en rapport, comme l'entendement, avec la mort, Hegel écrira à Berne ou à Francfort : « La mémoire est la potence à laquelle, étranglés, sont pendus les dieux grecs (…). La mémoire est la tombe, le gardien du mort. Ce qui est mort y repose en tant que mort, on l'exhibe comme une collection de pierres ». *Cf.* G.W.F. Hegel, *Premiers écrits (Francfort 1797-1800)*, Paris, Vrin, 1997, p. 430.

seulement à ce que ses actions soient bonnes ou intelligentes,
mais à ce que l'idée : cela plaît à Dieu, soit le mobile de son
action, souvent les plus puissants ; dès qu'il jouit de quelque
chose, connaît un événement heureux, il dirige immédiatement son regard vers Dieu et le remercie. La religion subjective est vivante, agissante à l'intérieur de l'être, activité tournée
vers l'extérieur. La religion subjective est quelque chose
d'individuel, la religion objective est l'abstraction : la première
est le livre vivant de la nature, les plantes, les insectes, les
oiseaux et les animaux tels qu'ils vivent les uns parmi les
autres et les uns des autres, chacun vit et jouit, tous sont entre-
mêlés, partout on rencontre tous les genres réunis, la seconde
est le cabinet du naturaliste qui a tué les insectes, a séché les
plantes, a empaillé les animaux ou les a conservés dans l'alcool,
a rangé ensemble toutes les choses que la nature a séparées,
ordonné seulement en fonction *d'une seule* fin ce qu'elle a
entrelacé en une variété infinie de fins dans un lien amical [1].

1. Par la notion d'un « lien amical » qui enchevêtre une multiplicité de
tendances variées en un seul tissu, en une même totalité, le jeune Hegel cherche
à concevoir une union qui ne soit pas celle qu'opère le concept (l'universel
abstrait). Par ce nouveau type d'union, le jeune Hegel prend ses distances à
l'égard du rationalisme, mais aussi à l'égard de l'empirisme. Unifiant en intério-
rité, et non à la manière d'un cadre au sein duquel prennent place des éléments
semblables, le « lien amical » est un lien vivant, qui donne vie et manière d'être
à ce qu'il unit. Il est au concept ce que la nature vivante est au cabinet du naturaliste : d'un côté un lien qui traverse une variété infinie de fins en une même
totalité vivante, de l'autre une collection d'objets morts. Ce thème de l'union
vivante, opposée à l'assemblage mécanique ou à la collection, sera central dans
le romantisme politique : vouloir plier la société à des fins abstraites, fussent-
elles rationnelles, universelles ou issues de la volonté générale, c'est risquer de
rompre le lien vivant qui rassemble les diverses tendances et les multiples
aspirations sensibles en une même totalité, c'est donc menacer la société de se
transformer en un « mécanisme ». L'idée de vie, comme on le voit dans ce paragraphe, ou l'idée d'une nature comme totalité vivante, est au fondement de la
réflexion du jeune Hegel. Aussi ne pouvons-nous souscrire à l'interprétation

Toute la masse des connaissances religieuses qui appartiennent à la religion objective peut être identique pour tout un grand peuple, elle pourrait l'être en soi sur toute la terre; elle se mêle à la religion subjective, mais n'en constitue qu'une petite partie, assez inefficace, elle se modifie en chaque homme et chaque fois de manière différente; le point le plus important à prendre en considération en ce qui concerne la religion subjective est celui de savoir si, et dans quelle mesure, l'esprit est disposé à se laisser déterminer par des mobiles religieux, dans quelle mesure il y est sensible; ensuite viennent les questions suivantes: quels genres de représentations font particulièrement impression sur le cœur? Quels genres de sentiments sont les plus ancrés dans l'âme et sont le plus faci-

---

de Dilthey, selon laquelle ce n'est qu'au cours de la période de Francfort qu'apparaît cette idée en tant que *Grundbegriff* (*Die Jugendgeschichte Hegels*, Gesammelte Schriften, Bd IV, Stuttgart, Göttingen, 1968, p. 138-148). Selon Dilthey, les écrits qui précèdent la fin de la période bernoise seraient fondamentalement caractérisés par un rationalisme moral. C'est seulement à partir du poème Eleusis qu'apparaît un «panthéisme mystique» lié à une intuition de la vie. De même H. Glockner distingue-t-il le rationalisme moral dominant jusqu'à la fin de la période bernoise, et la conception de Francfort, selon laquelle la vie est une réalité fondamentale et irrationnelle (*Hegel*, Frommann, Stuttgart, 1929-1940, vol. 2, p. 84 *sq.*). Cette interprétation, qui tend à voir dans le Hegel de Tübingen une orientation rationaliste, dans le Hegel de Francfort une tendance mystique et vitaliste, pour faire naître le Hegel hégélien à Iéna, a généralement séduit les interprètes hégéliens de Hegel, qui pensaient ainsi retrouver dans l'évolution de la pensée de Hegel l'histoire de l'idéalisme allemand: Hegel aurait tout d'abord été kantien et fichtéen, puis, à Francfort, se serait engagé dans une voie schellingienne, et serait devenu lui-même à Iéna (*cf.* J. Hyppolite, «Les travaux de jeunesse de Hegel d'après des ouvrages récents», *Revue de métaphysique et de morale*, juillet-octobre 1935). À ce schéma, la lecture du *Fragment de Tübingen* permet d'opposer le fait que, dès 1792-1793, Hegel tend à penser l'être à partir du concept de vie. Même si c'est seulement à Francfort qu'il se donne pour tâche de «penser la vie pure», dès l'époque de Tübingen, c'est la notion de vie qui oriente fondamentalement sa pensée.

lement produits – tel homme n'est pas sensible aux douces représentations de l'amour, ne ressent pas intérieurement les mobiles provenant de l'amour de Dieu, sa sensibilité peu raffinée n'est ébranlée que par la peur, par le tonnerre et l'éclair, son cœur ne vibre pas au doux contact de l'amour; tels autres sont sourds à la voix du devoir, il est inutile de les rendre attentifs au juge intérieur de l'action, qui siège dans le cœur de l'homme lui-même, à la conscience morale – cette voix n'a jamais résonné en eux; l'égoïsme est le balancier dont les oscillations maintiennent leur machine en marche.

De cette disposition, de cette réceptivité dépend l'aspect que doit prendre la religion subjective dans chaque individu. On nous enseigne la religion objective dans les écoles depuis notre jeunesse; depuis un âge assez précoce on surcharge notre mémoire avec elle, si bien que souvent l'entendement qui ne s'est pas encore affermi, la belle plante frêle de l'esprit libre et ouvert est écrasé sous le fardeau; ainsi, de même que les racines se fraient un passage à travers une terre meuble, s'entrelacent en elle et s'en nourrissent et cherchent une autre direction si elles sont détournées par une pierre, de la même manière les forces spirituelles affermies repoussent complètement ou laissent sur le côté sans en retirer aucune sève nourrissante le fardeau imposé à la mémoire, lequel reste inassimilé.

La nature a déposé en chaque homme un germe de sentiments plus fins issus de la moralité, elle a placé en lui un sens pour ce qui est moral, un sens pour les buts autres que ceux que se donne la simple sensibilité; que ces beaux germes ne soient pas étouffés, que naisse à partir d'eux une réelle réceptivité pour les idées morales et les sentiments moraux, telle est l'affaire de l'éducation, de la culture. La religion n'est pas la première chose qui puisse prendre racine dans l'esprit, elle doit rencontrer une terre cultivée qui seulement lui permettra de prospérer.

Tout dépend de la religion subjective, c'est elle qui a une véritable valeur intrinsèque – les théologiens peuvent se disputer sur les dogmes, sur ce qui appartient à la religion objective, sur les définitions précises de ses propositions ; de toute manière toutes les religions n'ont à leur base que peu de principes fondamentaux qui ne sont en chacune d'elles que plus ou moins modifiés, déformés, présentés plus ou moins purement, qui constituent le fondement de toutes les croyances et de tous les espoirs que nous offre la religion. Quand je parle de religion je ne tiens absolument pas compte de toutes les connaissances scientifiques ou plutôt métaphysiques qui portent sur Dieu, sur notre relation et celle du monde entier à lui, etc. Une semblable connaissance, qui n'est l'affaire que de l'entendement raisonneur[1], constitue la théologie et n'est plus de la religion. J'inclus ici dans la religion les connaissances de Dieu et de l'immortalité seulement dans la mesure où l'exigent le besoin de la raison pratique et ce qui se trouve en relation facilement perceptible avec celle-ci. Ce qui n'exclut pas des explications plus précises sur certaines dispositions de Dieu destinées au bien des hommes.

Je ne parle de religion objective que dans la mesure où elle est partie constituante de la religion subjective.

Mon intention n'est pas de rechercher quelles doctrines religieuses sont les plus portées vers le cœur, peuvent offrir à l'âme un maximum de consolation et d'élévation ; ni comment les doctrines d'une religion doivent être constituées pour rendre un peuple meilleur et plus heureux ; elle est de rechercher quelles dispositions sont requises pour que les doctrines

---

1. De même que Rousseau, le jeune Hegel associe la « froide raison » et « l'entendement raisonneur ».

et la force de la religion pénètrent la texture des sentiments humains, s'associent à ce qui les pousse vers l'action et se montrent vivantes actives en eux – les dispositions qui feront que la religion devienne entièrement subjective; si elle est devenue telle, elle ne manifeste plus sa présence seulement par des mains jointes, par le fléchissement des genoux et du cœur devant le sacré, mais se répand dans toutes les ramifications des penchants humains (sans que l'âme, justement, en soit consciente), agit partout, mais seulement indirectement, agit pour ainsi dire négativement au moment de la jouissance heureuse des joies humaines, ou au moment de l'accomplissement d'exploits sublimes, ou au moment de la pratique des plus douces vertus de la philanthropie; même si elle n'a pas d'effet direct, elle exerce néanmoins une influence plus subtile, si bien qu'elle laisse l'âme persévérer au moins en tant qu'âme libre et ouverte, et ne paralyse pas les nerfs de son activité; l'extériorisation des forces humaines, que ce soit le courage ou l'humanisme, ainsi que la joie, le plaisir de la vie, exigent que l'on soit libéré de toute mauvaise disposition de l'âme à être envieuse, etc., exigent l'innocence, une conscience morale pure, et celles-ci, la religion contribue à les faire advenir. Ainsi exerce-t-elle également une influence dans la mesure où l'innocence, qui lui est liée, sait précisément le point où la joie dégénérerait en débauche, le courage et la résolution en une atteinte dans les droits d'autrui[1].

Religion subjective

Si la théologie est affaire de l'entendement et de la mémoire – du reste peu importe l'origine de la théologie,

---

1. Est raturé : Manière dont la religion agit a) comment l'esprit [*Gemüt*] doit être constitué pour pouvoir en être pénétré b) si elle l'a pénétré, comment elle agit.

même si cette origine réside dans la religion elle-même –, si en revanche la religion est l'affaire du cœur, mérite l'intérêt à cause d'une exigence de la raison pratique, alors, évidemment, ce ne sont pas les mêmes forces spirituelles qui agissent dans la religion et dans la théologie, ce ne sont pas les mêmes dispositions d'esprit qui conviennent à chacune d'elles. Pour pouvoir espérer que le bien suprême dont il nous est imposé de réaliser effectivement, à titre de devoir, une part qui le constitue, devienne effectif en totalité, la raison pratique exige la croyance en un Dieu, en l'immortalité.

Voilà au moins le germe d'où naît la religion – et la conscience morale, le sens interne du juste et de l'injuste et le sentiment que la punition doit suivre l'injustice, tout cela, dans cette déduction de la religion, est seulement décomposé en ses éléments essentiels, en concepts clairs. Que l'idée d'un être puissant et invisible ait été engendrée dans l'âme de l'homme à travers un quelconque phénomène terrifiant ; ou que Dieu se soit d'abord révélé aux hommes à travers les intempéries en lesquelles chacun sent sa présence toute proche, ou dans le doux frémissement du vent à la tombée de la nuit : l'idée de Dieu, chaque fois, rencontra ce sentiment moral qui la trouva en complète concordance avec l'exigence qu'il porte en lui.

La religion devient simple superstition quand, dans de tels cas, c'est en elle qu'on puise les mobiles de l'action alors que le simple sens pratique devrait servir de guide, ou quand la crainte qu'inspire la divinité incite à certaines actions par lesquelles on croit pouvoir détourner son mécontentement. Tel est bien l'aspect que prend la religion dans beaucoup de peuples qui sont mus par des forces sensibles. La représentation qu'ils se font de Dieu et de sa manière d'agir envers les hommes se réduit à ce qu'il se conforme aux lois de la sensibilité humaine et n'agit que sur celle-ci : l'élément moral que contient ce concept est minime. Le concept de Dieu – et

l'idée de se tourner vers lui [1] – est déjà un concept moral, ce qui
signifie qu'il indique déjà davantage la conscience d'un ordre
plus élevé, et déterminé par des fins plus grandes que des buts
sensibles, quoique la superstition dont on a parlé plus haut
n'en soit pas absente, mais le fait de s'adresser à la divinité
pour la questionner sur l'avenir ou d'en appeler à son aide pour
la réussite d'une entreprise s'accompagne du sentiment que
tout dépend d'elle, et en général la croyance que la divinité
n'accorde le bonheur qu'aux justes mais répand le malheur
parmi les injustes et les effrontés, se trouve au fondement, ou
tout au moins est proche, de la croyance en un destin, en une
nécessité naturelle, et même si les mobiles moraux de l'action
sont cherchés dans la religion.

La religion subjective est quasi identique chez les hommes
bons, l'élément objectif de la religion pouvant avoir pour eux
presque la couleur qu'elle veut –

> ce qui pour vous fait de moi un chrétien, fait pour moi de vous
> un juif

– dit Nathan [2], car la religion est une affaire de cœur, lequel agit
souvent de façon inconséquente contre les dogmes acceptés
par l'entendement ou la mémoire. Les hommes les plus respec-
tables ne sont certainement pas toujours ceux qui ont le plus
réfléchi sur la religion, qui transforment très souvent leur
religion en théologie, échangent ainsi souvent la plénitude et
l'affectivité de la foi contre de froides connaissances et des
parades de mots.

Mais la religion ne s'enrichit que très peu par
l'entendement : ses opérations, ses doutes sont plus enclins à
refroidir le cœur qu'à le réchauffer ; et celui qui a trouvé que

---

1. *En marge* : « service » [*Dienst*]
2. Lessing, *Nathan le sage,* acte IV, scène 7.

les modes de représentation que se font les autres nations, les
païens comme on les appelle, contiennent beaucoup d'absur-
dités, et qui se réjouit au plus haut point de ses vues plus
élevées, de son entendement qui lui permet de voir plus loin
que les plus grands hommes, celui-là ne connaît pas l'essence
de la religion. Celui qui appelle son Jéhovah Jupiter ou Brahma
et est un véritable adorateur de Dieu, témoigne de sa reconnaissance et accomplit son sacrifice comme le véritable chrétien,
d'une manière tout aussi innocente. Qui n'est pas ému par la
belle simplicité quand l'innocence pense à son plus grand
Bienfaiteur quand la nature lui a été favorable, et quand elle lui
offre le meilleur, le plus immaculé, les prémices des céréales
et des jeunes moutons, – qui n'admire pas Coriolan[1] quand,
dans la grandeur de son bonheur et craignant Némésis, il prie
les dieux de l'humilier, lui plutôt que le génie de la grandeur
romaine, tout comme Gustave Adolphe s'est humilié devant
Dieu lors de la bataille de Lützen[2].

De tels traits parlent au cœur, exigent d'être appréciés par
lui, avec la simplicité de l'esprit et du sentiment, et non par
l'entendement froid. Seule la vanité d'un esprit sectaire qui se
croit plus sage que tous les hommes des autres partis peut, face
à la dernière volonté innocente de Socrate d'offrir un coq au
dieu de la santé, être aveugle a la beauté du sentiment de
Socrate, qui réside en ce qu'il remercie les dieux pour sa mort
qu'il considère comme une guérison, seule cette vanité peut

1. Hegel songe certainement au *Coriolan* de Shakespeare. Il possédait,
depuis l'époque du *Gymnasium* à Stuttgart, une édition des pièces de
Shakespeare (*cf.* J. Hoffmeister, *Dokumente zu Hegels Entwicklung,* Stuttgart,
Frommann, 1936, p. 13).

2. Pour le point de vue que Hegel adoptera plus tard sur Gustave Adolphe,
cf. *Leçons sur la philosophie de l'histoire*, Paris, Vrin, 1963, p. 331.

conduire à la méchante remarque qui fit Tertullien dans son Apologétique au chapitre 26[1].

Socrate etc.

Là où le cœur ne parle pas plus fort que l'entendement, comme chez ce moine dans cette scène de *Nathan*, dont nous avons ci-dessus emprunté les mots, s'il reste fermé et accorde à l'entendement le temps de raisonner sur une action, ce cœur

---

1. Dans son *Apologétique*, le théologienTertullien explique que Socrate, peu avant de mourir, avait ordonné qu'un coq soit sacrifié à Esculape. Socrate aurait voulu ainsi remercier Apollon (père d'Esculape) d'avoir prophétisé qu'il serait le plus sage. Tertullien ajoute qu'Apollon fut bien étourdi de décerner la palme de la sagesse à celui qui nia que les dieux existent. Quand Hegel était au *Gymnasium* de Stuttgart, âgé de quatorze ans, la question avait été posée à sa classe de savoir pourquoi Socrate avait sacrifié un coq à Esculape avant de mourir. Alors que son professeur expliquait cette volonté de Socrate par l'effet du poison sur son esprit, Hegel avança l'idée que Socrate avait voulu respecter une coutume afin de ne pas offusquer la sensibilité du peuple (*cf.* Hegel, *Tagebuch, 1785*, Samedi 2 juillet, *Gesammelte Werke,* 1, I, p. 5-6). Tandis que la réponse du professeur traduit une conviction rationaliste (Socrate, l'un des premiers esprits rationalistes, n'aurait pas pu être impliqué dans un rite superstitieux), la réponse du jeune Hegel laisse déjà apparaître la croyance selon laquelle il importe de respecter les coutumes populaires. Un an plus tard, en avril 1786, Hegel recopie une autre explication (cf. *Dokumente zu Hegels Entwicklung, op. cit.*, p. 10), mais sans indiquer qu'il y souscrit, qu'il trouve dans les *Briefe zur Bildung des Geschmakes* de Dusch (ce livre était paru à Vienne en 1770, et Hegel en connaissait l'existence en tout cas depuis juillet 1785; cf. *ibid.*, p. 16), explication selon laquelle, en disant qu'il est « redevable d'un coq à Esculape », Socrate ironise, utilise une expression courante qu'il ne faut pas prendre à la lettre, exactement comme l'expression française « devoir une belle chandelle ». Se dessine à travers cette question sur le sacrifice qu'aurait demandé Socrate une certaine image de celui-ci : à la fin du XVIIIe siècle, Socrate représentait le type même de l'homme éclairé, incarnait le chercheur qui lutte contre les préjugés religieux, contre la superstition. Le jeune Hegel a probablement partagé cette vue (*cf.* R. Haym, *Hegel und seine Zeit, op. cit.,* p. 28; K. Rosenkranz, *Hegels Leben, op. cit.*, p. 8-9). Celle manière de se représenter Socrate se manifeste particulièrement dans le *Phédon* de Mendelssohn, et dans un traité écrit par celui-ci : « *Der Charakter des Sokrates* ».

n'a pas beaucoup de valeur, l'amour ne l'habite pas. Nulle part ailleurs la voix du sentiment non corrompu, du cœur intègre, n'est mieux opposée à l'ergoterie de l'entendement que dans l'histoire de l'Évangile où Jésus acceptait avec amour et plaisir l'onction de son corps par une femme autrefois débauchée, y voyait l'effusion ouverte, non troublée par l'entourage, d'une âme belle pénétrée de repentir, de confiance et d'amour, tandis que quelques-uns de ses apôtres gardaient une attitude trop froide pour partager la profondeur de ce sentiment féminin, son beau sacrifice de confiance, et pouvaient ajouter des commentaires froids enjolivés d'un prétendu intérêt pour la charité[1]. Comme la remarque du bon Gellert est pauvre et forcée quand il dit quelque part que de nos jours un enfant en sait plus sur Dieu que le plus sage des païens[2], tout comme Tertullien dans son Apologétique (chap. 46), qui écrit : *deum quolibet opifex* etc.[3]. Comme si le manuel de morale qui se trouve ici dans mon armoire, à ma disposition, que je peux utiliser comme emballage d'un fromage puant, avait plus de

Ce traité est paru dans le même volume que le *Phédon* (*Phädon oder über die Unsterblichkeit der Seele in drei Gesprächen*), en 1776, et c'est ce traité que Hegel lit en 1785. Après sa lecture, il note dans son *Tagebuch*, à propos de ceux qui réclamèrent la mort de Socrate : « ce sont "les monstres" (*Scheusale*) qui obtinrent sa mort du Sénat craintif et de la masse enragée (*tollköpfigen Pöbel*) » (*Dokumente zu Hegels Entwicklung, op. cit.*, p. 15). Dans la lettre qu'il écrit à Hegel en janvier 1795, Schelling écrit : « Fichte, la dernière fois qu'il est passé ici, a dit que l'on devait avoir le genie de Socrate pour pénétrer Kant. Je trouve cela chaque jour plus vrai » (*Correspondance*, I, *op. cit.*, p. 20).

1. *Cf.* Hegel, *Premiers écrits (Francfort 1797-1800)*, Paris, Vrin, 1997, p. 268-269.

2. Hegel se réfère à un poème de Gellert, intitulé « Der Christ ».

3. Nouvelle référence à l'*Apologétique* de Tertullien. De même que Geller soutenait qu'à son époque n'importe quel enfant chrétien en sait plus sur Dieu que « le plus sage des païens », Tertullien opposait n'importe quel artisan chrétien à Platon, lequel devait reconnaître que le créateur de l'Univers (le démiurge) est difficile à trouver, et, une fois découvert, à décrire.

valeur que le cœur parfois injuste d'un Frédéric II; car de ce point de vue il n'y a pas une très grande différence entre l'*opifex* de Tertullien, l'enfant de Gellert qui a été imprégné du levain théologique à l'aide du catéchisme et le papier sur lequel on a imprimé la morale – au fond la conscience obtenue par l'expérience leur manque à tous les deux, et ce presque au même degré.

L'*Aufklärung* – Vouloir agir par l'entendement –

L'entendement sert seulement la religion objective. [Il sert] à purifier les principes, à les présenter dans leur pureté – il a produit des fruits magnifiques, comme le *Nathan* de Lessing, et mérite les éloges par lesquels on l'a toujours exalté.

Mais les principes ne sont jamais rendus pratiques par l'entendement.

L'entendement est un courtisan qui s'oriente avec complaisance d'après les caprices de son maître, il sait s'y prendre pour avancer des justifications pour chaque passion, pour chaque entreprise, il est surtout au service de l'amour-propre qui est toujours très perspicace pour donner une belle couleur aux fautes déjà commises ou sur le point de l'être, qui se loue souvent lui-même d'avoir trouvé un si bon prétexte en sa faveur.

Les éclaircissements [*Aufklärung*] de l'entendement rendent certes plus ingénieux mais non meilleur. Réduit-on la valeur à l'ingéniosité et fait-on admettre à l'homme qu'il ne peut être heureux sans vertu, le calcul est alors beaucoup trop alambiqué, trop froid pour être efficace au moment de l'action, pour pouvoir avoir en général une influence sur la vie.

Celui qui consulte le meilleur manuel de morale, se renseigne sur les définitions les plus exactes aussi bien des principes généraux que des devoirs particuliers et des vertus, et qui voudrait penser à cet amas de règles et d'exceptions pendant qu'il agit réellement, agirait d'une manière très embarrassée, perpétuellement anxieuse, en étant en conflit avec lui-même. Celui qui a écrit une morale espérerait qu'il existe un homme qui ou bien apprend le manuel par cœur ou bien le consulte chaque fois qu'il agit, chaque fois qu'il est question de savoir si une impulsion est éthique, si elle est permise. Et finalement c'est bien cela qui est exigé du lecteur d'un manuel de morale. Aucune morale imprimée, aucun éclaircissement (*Aufklärung*) de l'entendement ne peut avoir pour effet d'empêcher complètement l'émergence d'impulsions mauvaises, de restreindre leur développement. Le *Théophron* de Campe[1] [aspire à produire] cet effet négatif – [il ne conçoit pas que] l'homme doit agir lui-même, exercer lui-même son activité, prendre ses propres décisions, ne doit pas permettre aux autres d'agir à sa place, [mais raisonne comme si l'homme n'était] rien d'autre qu'une simple machine[2].

Quand on parle d'éclairer un peuple, cela présuppose que des erreurs le dominent, des préjugés populaires relatifs à la religion – et la plupart de ces erreurs sont plus ou moins de telle nature qu'elles se basent sur la sensibilité, sur l'attente aveugle d'un effet qui n'a aucun rapport avec la cause qui est censée le produire. En un peuple chargé de préjugés, le concept de cause semble le plus souvent se fonder encore sur le concept d'une simple succession; ceux qui en parlent, il n'est pas rare qu'ils

1. Hegel se réfère au manuel de morale de J.H. Campe : *Theophron oder der erfahrene Ratgeber für die unerfahrene Jugend.* Ce manuel était paru à Hambourg en 1783. Hegel en avait pris connaissance en 1785 (*Dokumente zu Hegels Entwicklung*, p. 24). Campe appartenait à la branche moraliste de l'illuminisme. La critique du moralisme – de la morale abstraite, d'une conformité artificielle à des principes universels – sera au cœur du romantisme.

2. En prétendant exercer une action morale sur les individus, l'*Aufklärung* conçoit l'homme comme une machine, comme un mécanisme que l'on peut transformer en fonction de sa finalité. Au mécanisme de l'*Aufklärung*, le romantisme opposera une vision vitaliste ou dynamique.

négligent ou ne voient pas les termes intermédiaires qui relient les effets successifs. Sensibilité et imagination sont les sources des préjugés ; et même certains principes exacts, qui résistent à un examen de l'entendement, constituent des préjugés pour le simple peuple dans la mesure où il n'y croit que parce qu'il n'en connaît pas les causes [1]. Les préjugés peuvent être de deux sortes : a) erreurs réelles b) vérités réelles mais qui ne doivent pas être comprises en tant que telles, être reconnues comme telles par la raison mais être reconnues en toute confiance – et ainsi du point de vue subjectif on n'y gagne rien – Débarrasser un peuple de ses préjugés, l'éclairer, cela signifie donc – car ici nous ne parlons pas des préjugés d'un genre pratique, c'est-à-dire de ceux qui ont une influence sur la détermination de la volonté, ils ont des origines tout autres et d'autres conséquences – signifie former son entendement eu égard à certains objets, de telle manière que d'une part il se libère réellement de la persuasion et de la puissance des erreurs, qu'il soit d'autre part convaincu, en connaissance de cause, des vérités réelles. En premier lieu, quel mortel voudrait décider en général ce qui est vrai ?

Admettons toutefois ici, comme il se doit, que si l'on parle plus concrètement du savoir humain et que si une société humaine doit avoir lieu, ce qu'on doit admettre également simplement d'un point de vue politique, alors il y a des principes valant universellement ; principes généraux qui ne sont pas seulement évidents au bon sens mais qui doivent se trouver également au fondement de chaque religion si elle est digne de ce nom, quelque déformés qu'ils soient ; α) ainsi est-il certain que ces principes sont peu nombreux et que, précisément par le

---

1. Ce paragraphe ainsi que les deux suivants portent l'empreinte de l'*Aufklärung*. Cf. *supra*, « À propos de la religion des Grecs et des Romains », dissertation du 10 août 1787, alors qu'il était élève du *Gymnasium* de Stuttgart.

fait que d'une part ils sont si généraux et si abstraits, que d'autre part, devant être présentés purement, comme la raison l'exige, [ils contredisent] l'expérience et l'apparence sensible, étant donné qu'ils ne sont pas une règle pour l'expérience, mais ne peuvent s'accorder qu'avec un ordre opposé des choses, ils se qualifient difficilement pour être reconnus de manière vivante par le peuple, et même si la mémoire les a retenus, ils ne constituent pas pour autant une partie du système de l'esprit et des besoins qui est propre à l'homme; β) étant donné qu'il est impossible qu'une religion, qui de façon générale doit être pour le peuple, puisse consister en des vérités universelles auxquelles seuls des hommes exceptionnels, à chaque époque, ont pu accéder et qu'ils ont enserrés avec amour et tout leur cœur; donc étant donné que d'une part des éléments doivent toujours y être mêlés qui doivent être acceptés simplement en confiance et en fidélité, ou, si les principes plus purs doivent être compris et réceptifs à la sensibilité, qui doivent perdre en finesse et être couverts d'un voile plus sensible; que d'autre part, des usages doivent être introduits dont la nécessité ou l'utilité s'imposent également en raison d'une foi confiante ou de l'habitude prise depuis la jeunesse, il est alors évidemment impossible que la religion populaire, si (ce qui est déjà lié au concept de religion en soi) ses doctrines doivent être réalisées dans la vie et l'action, puisse être fondée sur la simple raison. La religion positive[1] repose nécessairement sur la foi en la

1. Naissance du thème de la positivité. Le terme de positivité recèle chez le jeune Hegel diverses significations, qui traduisent les différentes tendances qui tiraillent sa pensée. D'une manière tout à fait générale, le positif désigne ce qui s'impose en extériorité. Mais ce donné extérieur prend tantôt l'aspect d'un élément qui, en tant que contingent, historique, relevant de la tradition ou d'une religion instituée, s'impose en extériorité *à la raison* (c'est là le sens qui est issu de la pensée du XVIIIe siècle, qui oppose la religion positive à la religion ration-

tradition par laquelle elle nous est transmise, et ce n'est par
suite que par ce fondement que nous pouvons être persuadés
de l'obligation de suivre ces usages religieux, de l'obligation
de croire que Dieu les exige en tant qu'ils correspondent à son
bon vouloir, en tant qu'ils sont des devoirs qui s'imposent à
nous. Mais les considère-t-on en eux-mêmes simplement par
la raison, alors on peut seulement affirmer à leur propos qu'ils
servent à l'édification, à éveiller des sentiments pieux, et leur
aptitude à être conformes à ce but peut être examinée sous ce
rapport. Mais aussitôt que je me suis convaincu qu'en fait Dieu
n'est pas honoré par ces usages, par notre service, que la recti-
tude est le service qui répond le mieux à sa volonté, bien que je
sache que ces usages servent à l'édification, ils ont précisément par ce fait perdu une grande part de l'influence que jadis
ils auraient pu avoir sur moi.

Comme la religion est en général une affaire de cœur,
on pourrait poser la question de savoir dans quelle mesure le
raisonnement peut s'y intégrer sans qu'elle cesse d'être religion. Si l'on réfléchit attentivement à la naissance des sentiments, aux usages qu'on doit suivre et par lesquels les sentiments pieux doivent être éveillés, à l'origine historique de ces
usages, à leur aptitude à être conformes à leur fin et à d'autres
choses semblables, alors ils sont certainement dépouillés de la
nimbe de sainteté à laquelle notre regard est habitué, de même
que les dogmes de la théologie perdent leur autorité si on les
éclaire par l'histoire de l'Église. Mais une telle réflexion froide
est loin d'apporter un soutien à l'homme. C'est ce que nous
pouvons souvent constater en observant celui qui en arrive à

nelle ou naturelle, le droit positif au droit naturel), et tantôt la forme d'un
élément qui, en tant que rationnel ou universel, s'impose en extériorité *à l'esprit
d'un peuple* – et en ce sens le positif est l'élément mort, inerte, isolé, l'élément
extérieur à la vie d'une totalité.

des situations où le cœur déchiré a besoin d'un appui plus
ferme, où le désespoir s'empare alors souvent à nouveau de ce
qui autrefois lui était source de consolation et qu'il enserre
maintenant d'une manière d'autant plus ferme et angoissée
qu'il craint d'en être à nouveau privé et détourne délibérément
l'oreille des arguties de l'entendement. Différente de l'*Aufklärung* et du raisonnement est la sagesse. Mais la sagesse n'est
pas la science. La sagesse est l'élévation de l'âme qui s'est
hissée elle-même à travers l'expérience jointe à la réflexion
au-dessus de la dépendance à l'égard des opinions et des
impressions de la sensibilité, et si elle est sagesse pratique et
non simplement autosatisfaction ou sagesse pleine d'ostenta-
tion, elle doit nécessairement être accompagnée d'une chaleur
paisible, d'un feu doux ; elle raisonne peu et ne part pas de
concepts selon une méthode mathématique et n'arrive pas à ce
qu'elle prend pour vérité par une série de syllogismes comme
barbara et *barocco*[1] – elle n'a pas acheté ses convictions au
marché général où l'on distribue le savoir à quiconque paie un
juste prix[2], ne saurait même pas les avancer sur le comptoir en
monnaie brillante, celle qui a cours – mais elle parle au fond
du cœur.

1. Depuis le Moyen Âge, les modes des différentes figures du syllogisme
sont mémorisés à l'aide de mots qui reprenaient les lettres a (universelle affirmative) e (universelle négative) i (particulière affirmative) et o (particulière
négative), tels que *barbara* (premier mode de la première figure du syllogisme),
et *barocco* (quatrième mode de la deuxième figure).

2. Cette image de la vérité qui se transmet comme de l'argent liquide, le
jeune Hegel l'a sans doute puisée, comme l'a fait observer Nohl, dans le *Nathan
le Sage* de Lessing (acte III, scène 6). Elle renvoie également à la critique
adressée par Platon aux sophistes. Quand il reprochait à ceux-ci de vendre
leur savoir, Platon ne mettait pas seulement ni tant en question le fait qu'ils
recherchaient le gain, mais plus fondamentalement leur conception d'un savoir
qui s'enseigne en se transmettant comme on transmet de l'argent ou une
marchandise.

La formation de l'entendement et son application à des objets qui attirent notre intérêt – tels sont les aspects qui font que l'*Aufklärung* conserve une belle et éminente qualité, de même que la connaissance claire des devoirs, les éclaircissements [*Aufklärung*] sur des vérités pratiques. Mais ils ne sont pas tels qu'ils puissent donner la moralité à l'homme, ils ont infiniment moins de valeur que la bonté et la pureté du cœur, en réalité ils sont incommensurables à celles-ci.

Pour un jeune homme dont le naturel est bon, la gaieté est un trait de caractère essentiel; si les circonstances l'empêchent d'être gai, sont telles qu'il doive se retirer sur lui-même, s'il prend alors la décision de faire de lui-même un homme vertueux, et s'il n'a pas encore assez d'expérience pour savoir que ce ne sont pas les livres qui pourront le transformer – ainsi il pourrait prendre en main le *Théophron* de Campe avec l'intention de régler sa vie sur les conseils de sagesse et de prudence qu'il y trouvera : le matin et le soir il en lit un passage et y pense la journée – quel en sera le résultat? Peut-être un réel perfectionnement[1]? Pour tout ceci il faut des années de pratique et d'expérience – mais la méditation sur Campe et la règle campienne le dégoûteraient en huit jours! Se rend-il en société, là où seul celui qui peut divertir est bienvenu, il est sombre et anxieux; à un plaisir qui ne peut plaire qu'à celui qui s'y donne de plein cœur, il ne se livre que timidement. Imprégné du sentiment de son imperfection, il s'abaisse devant tout le monde, la compagnie des femmes ne le divertit pas : il craint qu'un feu s'allume dans ses veines au frôlement d'une jeune fille, et il en devient gauche et guindé – mais il ne supportera pas cela longtemps, se débarrassera bientôt de la surveillance de ce tuteur grincheux et s'en sentira mieux.

1. *En marge:* « Une connaissance des hommes? Une intelligence pratique? ».

Si l'*Aufklärung* doit réaliser tout ce que ses louangeurs célèbres clament à son propos, si elle doit mériter leurs éloges, alors elle est vraie sagesse; sinon elle reste une pseudo-sagesse, ce qu'elle est ordinairement, sagesse qui se rengorge, et, par les manières qu'elle s'imagine posséder, elle s'élève au-dessus de ses faibles frères. Cette suffisance caractérise généralement la plupart des jeunes gens ou des hommes qui atteignent à une nouvelle compréhension par des livres et commencent à abandonner la croyance qu'ils partageaient précédemment avec la plupart des gens qui les entouraient; la vanité joue souvent un rôle particulièrement important dans cet abandon. Celui qui a beaucoup à dire sur l'incompré-hensible bêtise des hommes, qui démontre avec minutie que c'est la plus grosse sottise pour un peuple d'avoir tel préjugé, qui se répand toujours en mots comme: *Aufklärung*, connais-sance des hommes, histoire de l'humanité, bonheur, perfec-tion, celui-là n'est rien de plus qu'un bavard de l'*Aufklärung*, un charlatan qui offre un fade remède universel – il se paie en monnaie de singe, ignore le tissu sacré et délicat des senti-ments humains. Tout le monde entend peut-être pareils bavar-dages autour de lui; d'aucuns, probablement, en ont fait eux-mêmes l'expérience, car ce genre de culture est très fréquent en ces temps où l'écrit est surabondant. Si l'un ou l'autre apprend à travers la vie elle-même à mieux comprendre ce qui auparavant gisait dans son âme comme des capitaux impro-ductifs, il reste néanmoins dans chaque estomac un pêle-mêle de connaissances livresques mal digérées, ce qui incommode l'estomac et empêche par suite [l'assimilation] d'une nourri-ture saine et l'afflux de matières nutritives dans le reste du corps – l'apparence boursouflée donne peut-être l'illusion de la santé mais dans les membres un flegme sans énergie paralyse le mouvement libre.

Une des tâches de l'entendement éclairé consiste à examiner la religion objective. Mais de même que la force de cet entendement n'est pas à la hauteur s'il s'agit d'engendrer l'amélioration de l'homme, de lui donner une éducation tournée vers de grandes et fortes convictions, vers des sentiments nobles, vers une indépendance résolue, de même le produit de l'entendement – la religion objective – n'a pas beaucoup de poids quand il s'agit de réaliser ces buts.

Il est flatteur pour l'entendement humain de contempler son œuvre – un édifice imposant de connaissances sur Dieu, de la connaissance des devoirs humains et de la nature. Il a assurément apporté les matériaux et a fabriqué à partir d'eux une construction qu'il ne cesse d'embellir et à laquelle il continue d'ajouter des ornements; mais l'édifice auquel se consacre toute l'humanité appartient d'autant moins à chaque individu qu'il s'accroît et devient complexe. Celui qui se contente de copier cet édifice universel, qui n'en recueille que ce qui le sert, qui ne construit pas en lui-même et par lui-même sa propre maisonnette, un chez-soi avec son colombage et sa charpente, dont les pierres ont été sinon travaillées par lui-même, du moins assorties ou tournées dans ses mains, celui-là est un homme qui s'attache à la lettre [1], qui n'a pas vécu sa propre vie et tissé lui-même son propre caractère.

Celui qui se construit un palais sur le modèle de cette grande maison, y vit comme Louis XIV à Versailles, connaît à peine tous les appartements qu'il possède et n'en occupe qu'un tout petit cabinet – un père de famille, en revanche, dans sa maisonnette ancestrale est partout mieux au courant, peut

---

1. *Buchstabenmensch*: littéralement: homme de la lettre. Ce terme fut probablement formé par Moses Mendelssohn, à partir de l'opposition de la lettre et de l'esprit.

rendre compte de l'emploi et de l'histoire de chaque vis et de chaque coffret. Recha dit dans le *Nathan* de Lessing :

> Le plus souvent je peux encore dire
> comment, où et pourquoi je l'ai appris [1].

La maisonnette que l'homme peut alors déclarer sienne, il faut que la religion aide à la bâtir, [mais] dans quelle mesure peut-elle lui venir en aide ?

Si la différence entre la pure religion rationnelle qui adore Dieu en esprit et en vérité et dont le service ne consiste qu'en vertu, et la croyance fétichiste qui croit pouvoir gagner l'amour de Dieu par quelque chose d'autre encore qu'une volonté qui est bonne en elle-même, est si grande que la croyance féti-chiste n'est absolument d'aucune valeur face à la pure religion rationnelle ; si elle est si grande que toutes deux sont d'un genre bien distinct ; et même s'il est tout à fait crucial pour l'humanité de transformer la religion fétichiste pour la rappro-cher toujours plus de la religion rationnelle et de la chasser, alors la question se pose tout de même de savoir, puisqu'une Église spirituelle universelle n'est qu'un idéal de la raison et qu'il n'est pas vraiment possible qu'une religion publique puisse être établie qui enlève toute possibilité qu'en renaisse une croyance fétichiste, comment une religion populaire devrait être constituée pour a) négativement donner aussi peu que possible l'occasion de rester attaché à la lettre et aux usages (des pratiques religieuses) et b) positivement, conduire le peuple à une religion rationnelle et l'y rendre réceptif.

Si l'idée de sainteté est établie en morale comme l'ultime sommet d'une vie éthique [*Sittlichkeit*] et le point ultime de l'effort, les objections de ceux qui disent qu'une telle idée n'est pas accessible à l'homme (ce que ces mêmes moralistes

---

1. *Nathan le sage*, acte V, scène 6. Cf. *supra*, p. 30, note 1.

incluent), qu'en plus du pur respect de la Loi, il a besoin
d'autres mobiles se rapportant à la sensibilité, ne démontrent
pas tellement que l'homme ne pourrait pas s'efforcer de
s'approcher de cette idée, ne serait-ce qu'à l'infini, mais plutôt
seulement qu'on devrait se contenter que les hommes à l'état
sauvage, lorsqu'il existe une puissante inclination chez la
plupart à agir en fonction de la sensibilité, ne produisent ne
serait-ce que la légalité, ce qui n'exige pas un pur mobile
éthique [1], duquel ils auraient peu le sens; [ces objections ne
nient donc pas] qu'il y a déjà un enrichissement dans le simple
affinement de la sensibilité brute [2], dans l'éveil de sentiments
qui se substituent aux pulsions proprement animales et qui
sont plus aptes à se placer sous l'influence de la raison, qui se
rapprochent davantage de ce qui est moral ou en lesquels
existe au fond seulement la possibilité, si la retentissante
clameur de la sensibilité est peu étouffée, que germent
également des sentiments moraux – en général la simple
culture est déjà un gain. [Ceux qui disent que l'idée de sainteté
n'est pas accessible à l'homme] prétendent seulement ceci : il
n'est sans doute pas vraisemblable que sur cette terre
l'humanité ou même un seul homme puisse jamais se passer de
mobiles non moraux – et de tels sentiments sont tissés dans
notre nature même, bien qu'ils ne sont pas moraux en tant
qu'ils ne proviennent pas du pur respect de la Loi et donc en
tant qu'ils ne sont pas tout à fait fixes et sûrs, qu'ils n'ont pas
non plus de valeur en eux-mêmes et qu'ils ne méritent pas le
respect, [mais] ils sont cependant dignes d'être aimés,

1. *En marge :* « *cf.* Mathieu 19, 16 ». Allusion à un passage de l'Évangile où
Jésus présente la légalité comme n'étant qu'une première étape, comme un
moment encore insuffisant.
2. *En marge :* « du moins dans l'éveil d'un intérêt pour quelque chose de
plus élevé ».

empêchent les mauvaises tendances et favorisent le meilleur développement des hommes – de cette sorte de sentiments sont toutes les tendances généreuses, la compassion, la bienveillance, l'amitié, etc. À ce caractère empirique qui est compris dans le domaine des penchants, appartient également le sentiment moral qui doit envoyer ses fils délicats dans la toile entière [des sentiments]; le principe fondamental du caractère empirique est l'amour, qui a quelque chose d'analogue à la raison dans la mesure où il se découvre soi-même dans d'autres hommes ou plutôt, en s'oubliant soi-même, il se met en dehors de son existence et en quelque sorte vit, sent, et est actif en d'autres – de même la raison, en tant que principe de lois universellement valables, se reconnaît elle-même à nouveau dans chaque être rationnel comme citoyenne d'un monde intelligible. Le caractère empirique des hommes est certes affecté par le désir et l'aversion; [mais] même s'il est un principe pathologique de l'action, l'amour est désintéressé, il ne fait pas le bien en fonction d'un calcul d'après lequel les joies qu'engendrent ses actions sont plus pures et plus durables que celles qui proviennent de la sensibilité ou de la satisfaction de quelque passion que ce soit – il ne s'agit donc pas du principe d'amour-propre raffiné où le moi est toujours en fin de compte le but ultime.

Pour établir des principes, l'empirisme ne vaut certes absolument pas; mais lorsqu'il est question de la façon dont on doit agir sur les hommes, il faut les prendre comme ils sont et rechercher tous les bons penchants et sentiments par lesquels leur nature peut être perfectionnée, même si leur liberté n'en est pas immédiatement renforcée. Dans une religion populaire en particulier, il est de la plus grande importance que l'imagination et le cœur ne soient pas insatisfaits, que l'imagination soit remplie de grandes et pures images et que les sentiments plus bénéfiques s'éveillent dans le cœur. Que celui-ci et l'imagination reçoivent une bonne direction est d'autant plus important pour la religion dont l'objet est si grand, si sublime, où ils se fraient tous deux trop facilement leur propre chemin ou se laissent induire en erreur; soit que le cœur égaré par des représentations fausses et par la recherche de sa propre facilité, s'accroche aux choses extérieures ou trouve à s'alimenter de sentiments bas et de fausses humilités et croit servir Dieu de cette manière, soit que l'imagination [*Phantasie*] établisse une liaison de cause à effet entre des choses dont la succession est simplement accidentelle, et se promette, à l'encontre de la nature, des effets extraordinaires. L'homme est un être si varié que l'on peut tout en faire; le tissu de ses sentiments, tissu dont les fils s'entrecroisent d'une manière tellement variée, a des extrémités tellement multiples que tout peut y être noué – si l'une des extrémités ne convient pas, une autre s'y prête. Voilà pourquoi l'homme a été capable des plus stupides superstitions, du plus grand esclavage hiérarchique et politique. Entrelacer ces beaux fils en un beau ruban conformément à leur nature : voilà ce qui, par excellence, est la tâche de la religion populaire.

La religion populaire se distingue de la religion privée principalement en ce que le dessein de la première, quand elle agit puissamment sur l'imagination et le cœur, est de donner à l'âme la force et l'enthousiasme – de lui inspirer l'esprit qui est indispensable à la grande et sublime vertu. La formation de l'individu en accord avec son caractère, l'enseignement sur les cas de conflits des devoirs, sur les moyens particuliers de promouvoir la vertu, sur le réconfort et la consolation dans la souffrance et les malheurs individuels, doivent être abandonnés à la religion privée; que ces éléments ne soient pas de nature à faire partie d'une religion populaire publique, c'est ce qui découle des considérations suivantes :

a) l'enseignement sur les cas de conflits des devoirs ; ceux-ci sont si nombreux que je ne puis me déterminer d'une manière qui satisfasse la conscience soit en suivant les conseils d'hommes expérimentés et justes, soit par la conviction que le devoir et la vertu constituent le principe suprême, conviction qui jadis n'a pu être établie et rendue apte à devenir maxime de mon action que tout au plus par la religion publique : l'instruction publique de même que l'instruction de la morale, dont nous avons parlé plus haut, sont trop sèches et sont l'une aussi bien que l'autre incapables de faire en sorte que l'esprit [*Gemüt*] se laisse déterminer au moment de l'action par les règles subtiles de la casuistique ; ou bien un scrupule qui ne finirait pas de renaître et qui est tout à fait opposé à la résolution et à la force exigées pour l'accomplissement de la vertu serait produit –

b) la vertu n'est pas un produit de l'instruction et du bavardage mais une plante qui se développe certes avec des soins appropriés mais quand même à partir de sa propre puissance et de sa propre force : aussi les multiples artifices qu'on prétend avoir imaginés pour produire la vertu comme dans une serre où, pour ainsi dire, il serait impossible qu'elle meure, dépravent-ils plus l'homme que si on l'avait laissé se former à l'état sauvage. L'instruction religieuse officielle suppose, par sa nature même, non seulement que l'entendement soit éclairé sur l'idée de Dieu, sur la relation que nous entretenons avec lui, mais que l'on cherche aussi à déduire tous les autres devoirs des obligations que nous avons envers Dieu, à nous imprégner d'autant plus de ces devoirs et à nous les représenter comme encore plus obligatoires. Cette déduction à elle seule a quelque chose de recherché, elle est quelque peu tirée par les cheveux, c'est une liaison où seul l'entendement perçoit le rapport, qui est souvent très artificiel, qui en tout cas reste obscur au sens commun, et il est fréquent de voir que plus on

invoque de mobiles pour un devoir, plus on devient froid
envers celui-ci.

c) la seule véritable consolation dans la souffrance (pour
les douleurs[1], il n'y a pas de consolation, il n'y a qu'à leur
opposer la force de l'âme) est la confiance en la providence de
Dieu, tout le reste n'est que vide bavardage qui laisse le cœur
indifférent.

Comment la religion populaire doit-elle être constituée (la
religion populaire est prise ici objectivement)

a)   à l'égard des doctrines objectives
b)   à l'égard des cérémonies
A.   I. Ses doctrines doivent être fondées sur la Raison
      universelle.
      II. L'imagination, le cœur et la sensibilité ne doivent
      pas en sortir vides.
      III. Elle doit être constituée de telle manière que tous
      les besoins de la vie, les affaires publiques de l'État
      s'y rattachent.
B.   Ce qu'elle doit éviter

… la croyance fétichiste – à cet égard particulièrement la
croyance, si courante à notre époque de bavardage, qu'on
a satisfait aux exigences de la raison par des tirades sur
l'*Aufklärung*, etc.; croyance telle qu'on est continuellement
aux prises avec les doctrines dogmatiques et qu'entre-temps
on ne s'améliore pas soi-même, on n'améliore pas non plus les
autres.

---

1. L'opposition entre souffrance (*Leiden*) et douleurs (*Schmerzen*) ne peut
être éclairée que par le contexte. La souffrance désigne ici le fait de *subir* un
destin, d'être dans une situation où l'on ne peut être que passif (*leiden* signifie
aussi : être passif). Or si certaines *douleurs*, par ex. certaines douleurs physiques, nous placent dans une telle situation, il arrive aussi, selon Hegel, qu'une
situation insurmontable ne soit pas vécue dans la douleur mais acceptée « avec
confiance », avec acquiescement (*Ergebenheit*).

I. Même si leur autorité repose sur une révélation divine, les doctrines doivent être nécessairement constituées de telle manière qu'elles soient autorisées, en réalité, par la raison universelle des hommes, que leur caractère obligatoire soit compris et ressenti par chaque homme dès lors qu'il y prête attention ; car des doctrines qui soit nous indiquent un moyen particulier d'obtenir la bienveillance de Dieu, soit promettent de nous apporter quelques connaissances particulières supérieures, de nous donner des éclaircissements plus précis sur des objets inaccessibles, et ce à l'intention de la raison et non simplement de l'imagination, – outre le fait que tôt ou tard elles deviendront l'objet d'une attaque de la part des hommes qui pensent, et l'objet d'une controverse, ce qui ne peut qu'entraîner la perte de l'intérêt pratique ou, pour les besoins de la controverse, la constitution de symboles précis et intolérants – n'atteindront certainement jamais, parce que leur rapport avec les véritables besoins et les exigences de la raison n'est jamais naturel et parce qu'elles se prêtent facilement à des abus, même si cette liaison est cependant fermement établie par l'habitude, n'atteindront jamais, dans le sentiment, l'importance d'un moment pur, véritable et pratique portant immédiatement sur la moralité.

Mais ces doctrines doivent aussi être simples et, si elles sont des vérités de la raison, elles sont simples précisément par le fait qu'en ce cas elles n'ont besoin ni d'un appareil scientifique ni d'un étalage de démonstrations laborieuses ; et par là même qu'elles sont simples elles exerceront une emprise d'autant plus grande sur l'esprit [*Gemüt*] et sur la détermination de la volonté d'agir, et ainsi concentrées elles auront de loin beaucoup plus d'influence et joueront un rôle incomparablement plus grand dans la formation de l'esprit d'un peuple que lorsque les commandements sont accumulés et artificiellement ordonnés en un ensemble qui requiert de ce fait même beaucoup d'exceptions.

Ces doctrines universelles doivent être en même temps humaines – une grande et difficile exigence –, humaines en sorte qu'elles soient à la mesure de la culture de l'esprit et du degré de moralité où se trouve un peuple. Quelques-unes des idées les plus sublimes et les plus intéressantes pour les hommes sont précisément celles qui se prêtent bien difficilement à être adoptées universellement comme maximes – elles semblent plutôt être seulement la propriété de quelques hommes éprouvés et pénétrés de sagesse par une longue expérience, d'hommes chez lesquels ces idées sont devenues une foi solide, une conviction inébranlable précisément dans les situations où il s'agit de réconforter. Telle est surtout la foi en une providence sage et bonne à laquelle est lié, si elle est vivante et droite, un acquiescement total à Dieu.

Cette doctrine, dans la mesure où elle – et tout ce qui s'y rapporte – constitue l'enseignement essentiel au sein de la communauté chrétienne, en tant que celui-ci se réduit à l'amour illimité de Dieu, que tout revient à cet amour ; ensuite, au cours des années Dieu nous a été représenté comme constamment proche et présent, comme l'agent de tout ce qui arrive autour de nous ; dans la mesure où cette proximité ne nous est pas représentée simplement comme étant unie par une nécessité extrême à notre moralité et aux choses qui nous sont les plus saintes, mais est également élevée à une certitude la plus complète par des assurances fréquentes qui viennent de Dieu lui-même et par d'autres faits qui sont chargés de nous convaincre sans contestation possible – ainsi avons-nous cependant l'occasion de constater qu'auprès des masses un coup de tonnerre, une nuit froide, peuvent décourager cette confiance en la providence et amoindrir l'acquiescement patient aux volontés de Dieu qui devait résulter de cette confiance, ainsi voyons-nous que c'est en général seulement à un homme sage qu'il revient d'être au-dessus de l'impatience, de la colère qui vient d'espoirs déçus, du découragement par suite de malheurs. Cette perte soudaine de la confiance en Dieu, le passage rapide à un sentiment de mécontentement envers lui arrivent d'autant plus facilement que non seulement on a habitué le bas peuple chrétien à prier inlassablement dès la jeunesse, mais qu'on a aussi essayé de le convaincre de la nécessité supérieure de cette pratique en lui promettant un certain accomplissement du souhait exprimé dans la prière.

En outre, on a accumulé de tous les coins de la terre, pour le bien de l'humanité souffrante, une telle masse de motifs de consolation à utiliser en cas de malheur qu'en fin de compte on pourrait regretter de ne pas perdre tous les huit jours un père ou une mère, de ne pas être frappé de cécité ; la réflexion a pris ici une telle tournure qu'on est allé jusqu'à repérer dans les moindres détails et à faire ressortir avec subtilité et avec une perspicacité incroyable les effets physiques et moraux, en les établissant comme les buts prévus par la providence, et par là on croyait avoir atteint à une compréhension plus profonde des projets de la providence concernant les hommes, non seulement en général mais aussi individuellement.

Mais à cet égard dès qu'on ne se contente plus de mettre le doigt sur la bouche et de se taire en étant rempli d'une crainte respectueuse, rien n'est plus courant, si on est poussé par l'indiscrétion et la prétention, que la tendance à se permettre de vouloir maîtriser les chemins de la providence, tendance qui, certes pas chez le commun des mortels, est encore renforcée par les multiples idées idéalistes qui ont cours. Ce qui contribue peu à promouvoir la soumission à la volonté et à la satisfaction de Dieu. Il serait très intéressant de la comparer avec la croyance des Grecs. D'une part se trouvait au fondement de leur croyance cette foi que les dieux sont favorables

à ceux qui sont bons et s'en remettent pour les mauvais à la
redoutable *Némésis* – foi qui repose sur le besoin moral
profond de la raison, agréablement animée par le souffle chaud
des sentiments, et ne s'appuie pas sur la conviction froide
déduite de cas particuliers selon laquelle les choses tourneront
au mieux, conviction qui ne peut jamais être introduite dans la
vie réelle ; d'autre part, le malheur était chez eux le malheur, la
douleur était la douleur – quelque chose qui était arrivé et ne
pouvait pas être changé, ils ne pouvaient se creuser l'esprit sur
les intentions que cet événement cachait, car leur μοιρα, leur
αναγκαια τυχη était aveugle, mais ils se soumettaient à cette
nécessité, et même de bon gré, et avec toute la résignation
possible, gagnaient en tout cas cet avantage qui vient de ce
que l'on supporte plus facilement ce que l'on a été habitué à
considérer depuis sa jeunesse comme une nécessité, avantage
qui vient aussi de ce que, en plus de la douleur et de la souffrance
auxquelles il donne naissance, le malheur n'engendre pas
encore ce qui est beaucoup plus pénible et plus insupportable :
la colère, l'amertume et le mécontentement.

Comme cette croyance [inclut] d'une part le respect
devant l'écoulement de la nécessité naturelle et, d'autre part,
la conviction que les hommes sont dominés par les dieux selon
des lois morales, elle semble être appropriée humainement à la
sublimité de la divinité, à la faiblesse de l'homme et à la
dépendance de l'homme à l'égard de la nature et à son champ
de vision limité.

Des doctrines simples fondées sur la raison universelle
s'accordent à chaque degré de la culture d'un peuple et
cette culture modifiera aussi progressivement les doctrines
en fonction de ses transformations, quoique davantage en ce
qui concerne l'aspect extérieur, la peinture de l'imagination
sensible.

Si elles sont fondées sur la raison humaine universelle, ces doctrines ne peuvent, par leur nature, avoir un autre but que celui d'agir sur l'esprit d'un peuple en ne se souciant que des choses importantes ; agir en partie par elles-mêmes, en partie grâce à l'enchantement qui s'y attache et qui est provoqué par les cérémonies qui impressionnent puissamment : agir sur l'esprit d'un peuple de telle manière qu'elles ne se mêlent pas de la pratique de la justice civile, ni ne se permettent une censure privée, ni ne suscitent des occasions de conflits à leur propos, leurs formules étant simples – et vu qu'elles exigent et établissent seulement peu de choses positives mais que la législation de la raison est seulement formelle, le désir de pouvoir des prêtres est limité dans une religion de cette sorte.

II. Toute religion qui se veut populaire doit nécessairement être ainsi faite qu'elle préoccupe le cœur et l'imagination. Même la religion rationnelle la plus pure est incarnée dans l'âme humaine, et plus encore dans celle du peuple, et pour prévenir les égarements aventureux de l'imagination il ne serait sans doute pas mauvais d'adjoindre des mythes à la religion elle-même pour indiquer à l'imagination au moins un beau chemin, qu'elle pourra alors parsemer de fleurs. Les doctrines de la religion chrétienne sont en grande partie rattachées à l'histoire ou présentées par son intermédiaire, et la scène se trouve sur terre même si les acteurs de la pièce ne sont pas de simples hommes ; donc on présente ici à l'imagination un but facile à reconnaître mais néanmoins il reste de nombreux endroits où elle a le champ libre, et si elle est pénétrée d'une humeur sombre, elle peut se représenter le monde sous des couleurs effroyables, mais d'un autre côté, elle tombe facilement dans la puérilité, puisqu'au fond ce qui est digne d'être aimé – les belles couleurs issues de la sensibilité – est exclu par l'esprit de notre religion, et finalement nous sommes beaucoup trop des hommes de raison, des hommes attachés aux mots,

pour aimer de belles images. En ce qui concerne les cérémonies, d'un côté une religion populaire et impensable sans
elles, mais d'un autre côté rien n'est sans doute plus difficile
que d'empêcher qu'elles ne soient prises par le bas peuple pour
l'essence de la religion elle-même.

La religion comprend trois éléments : a) les concepts,
b) les usages essentiels, c) les cérémonies.

Si nous considérons le baptême et l'eucharistie comme des
rites auxquels sont liés certains bienfaits et grâces extraordinaires, et dont l'accomplissement est un devoir en soi qui nous
rend meilleurs et plus moraux et tant que chrétiens, alors ils
appartiennent au second élément. Ne voyons-nous en eux, par
contre, que des moyens dont le but et l'effet se réduisent à
l'éveil de sentiments pieux, alors ils appartiennent au troisième
élément.

Appartiennent également au troisième élément les sacrifices, mais ne peuvent pas vraiment être appelés cérémonies
parce qu'ils sont essentiels à la religion à laquelle ils sont liés,
font partie de l'édifice lui-même, tandis que les cérémonies ne
sont que les décorations et les formes de cet édifice.

Les sacrifices peuvent aussi être envisagés de deux points
de vue différents. a) D'une part ils sont offerts sur les autels des
dieux en tant que sacrifices expiatoires, en tant qu'absolution,
en tant que commutation de punitions morales ou physiques
redoutées en une amende, en tant que manière de s'insinuer
dans les bonnes grâces perdues du Seigneur suprême, du
dispensateur des récompenses et des peines – on a raison, à
ce propos, en condamnant l'indignité d'une telle coutume, de
blâmer son absurdité et la falsification qu'elle entraîne du
concept de moralité ; mais en même temps il ne faut pas oublier
que l'idée de sacrifice n'a nulle part existé en fait sous une

forme aussi grossière (sauf peut-être dans l'Église chrétienne)[1], et il ne faut cependant pas sous-estimer entièrement
la valeur des sentiments[2] qui étaient à l'œuvre en elle, la sainte
vénération de l'être sacré, la prostration humiliante, la contri-
tion du cœur devant Lui, la confiance qui poussait l'âme
accablée aspirant à la quiétude à s'accrocher à cette ancre. Un
pèlerin qui, écrasé sous le poids de ses péchés, quitte confort,
femme, enfant et patrie pour errer pieds nus et vêtu d'une haire
à travers le monde, qui cherche les contrées ardues pour faire
souffrir ses pieds et couvre de larmes les lieux saints, qui
cherche la paix pour son esprit en proie aux luttes et aux déchi-
rements et trouve l'apaisement dans chaque larme répandue,
chaque pénitence et chaque sacrifice, et reprend courage à la
pensée que c'est ici que le Christ est passé, que c'est ici qu'il
fut crucifié pour lui, se réconforte quelque peu et reprend
confiance en soi – un tel pèlerin, avec la simplicité de son
cœur, devrait-il inspirer à celui pour qui une telle disposition
est devenue impossible en raison d'une transformation des
concepts de son époque, devrait-il donc nous inspirer la réponse
du Pharisien : je suis plus sage que de tels hommes ? Ou ces
sentiments pieux devraient-ils devenir pour nous objets de
raillerie ? Des pénitences comme celles de ce pèlerin appartiennent au genre de sacrifices dont je parlais ici, qui furent
offerts dans le même esprit que ces pénitences.

   b) Une autre forme de sacrifice, plus modérée, apparue
dans un climat plus doux est celle probablement plus origi-

---

1. Hegel a ajouté en marge la remarque suivante : « à l'extérieur de l'église
chrétienne, il [sc. le sacrifice] était tout au plus une goutte de baume pour l'âme
du pécheur, sa conscience morale (car on ne peut certainement pas ériger en
exemple une telle corruption morale de tout un peuple) n'était pas satisfaite
pour autant ».
   2. En marge : « même s'ils étaient impurs ».

nelle et plus universelle, qui se fondait sur la gratitude et la
bienveillance, et qui se caractérise par le sentiment d'un être
plus sublime que l'homme – la conscience que l'on doit le
remercier de tout et qu'il ne dédaigne pas ce qu'on lui présente
dans un esprit d'innocence – et la disposition à implorer
d'abord son aide au commencement de chaque entreprise, à
penser à lui à l'occasion de chaque joie, quand le bonheur
est atteint[1], avant chaque plaisir accordé, le fait d'offrir à cet
être les prémices, les fleurs de chaque bien, de l'accueillir et
d'espérer qu'il demeurera amicalement parmi les hommes;
l'homme disposé à offrir un tel sacrifice était éloigné de la
pensée du péché et de la pensée d'avoir à purger les peines
méritées pour les péchés, sa conscience morale ne le persua-
dait pas de ce que *Némésis* serait par là satisfaite et l'aurait
délivré de ses exigences et de ses lois visant à maintenir
l'équilibre moral.

Au fond, de tels usages essentiels de la religion ne doivent
pas dépendre plus étroitement de celle-ci que de l'Esprit du
peuple : c'est de celui-ci qu'ils doivent à vrai dire surgir,
autrement la pratique de ces usages serait sans vie, froide, sans
force, les sentiments qu'ils engendrent en seraient pompés de
manière artificielle, ou bien ce seraient des usages qui ne sont
pas essentiels pour la religion populaire mais pourraient l'être
pour la religion privée – ainsi l'Eucharistie sous la forme
qu'elle a maintenant chez les chrétiens, indépendamment du
fait que sa destination véritable était le plaisir de partager un
repas en société.

Caractéristiques nécessaires des cérémonies d'une religion populaire : a) principalement : que la probabilité qu'elles
offrent l'occasion d'un culte idolâtre soit aussi minime que

---

1. *En marge :* « à lui-même, à *Nemesis* ».

possible ; qu'elles ne soient pas constituées de telle manière que ne subsiste que le rouage, le mécanisme, et que s'envole l'Esprit. Leur intention ne doit être que d'accroître le recueillement et les sentiments saints – et le seul moyen pur, celui qui est le moins susceptible d'un abus et qui produit cette influence, réside dans la musique sacrée et le chant de tout un peuple, peut-être également dans les fêtes populaires auxquelles la religion doit se mêler.

III. Dès que la doctrine est coupée de la vie par une cloison ou dès que doctrine et vie sont simplement séparées et fortement éloignées l'une de l'autre, alors apparaît le soupçon que la forme de la religion est défectueuse – soit qu'elle attache trop d'importance aux verbiages, soit qu'elle ait à l'égard des hommes des exigences exagérées et bigotes, qu'elle soit en opposition avec les besoins naturels des hommes, avec les pulsions d'une sensibilité bien ordonnée – της σωφροσυνης – ou encore qu'elle réunisse ces deux défauts. Si les joies et la gaîté doivent rendre les hommes honteux de la religion, si celui qui s'est amusé à une fête publique doit rentrer dans un temple en se cachant, c'est que la forme de la religion présente un aspect trop morne pour pouvoir s'attendre à ce que l'on renonce, pour satisfaire à ses exigences, aux joies de la vie. Elle doit séjourner amicalement parmi tous les sentiments de la vie, de ne pas vouloir s'imposer, mais être partout la bienvenue. Si la religion doit être à même d'influencer le peuple, elle doit accompagner l'homme aimablement et partout, être à ses côtés aussi bien dans les affaires et les situations sérieuses de sa vie que dans les fêtes et les joies – mais non comme si elle semblait s'imposer et devenait une institution autoritaire mais en étant celle qui guide et encourage. Toutes les fêtes populaires grecques étaient en somme des fêtes religieuses, en l'honneur d'un Dieu ou d'un homme divinisé pour avoir bien mérité de l'État. Tout, même les débauches des Bacchantes, était consacré à un Dieu, même leurs représentations théâtrales et publiques avaient une origine religieuse, qui ne fut jamais reniée au cours de leur développement ultérieur.

Ainsi Agathon n'oublia pas les dieux quand il gagna un prix pour une tragédie – le lendemain il organisa une fête pour les dieux. *Banquet*, p. 166[1].

La religion populaire, qui engendre et nourrit les grandes dispositions, va main dans la main avec la liberté.

Notre religion veut transformer les hommes en citoyens du ciel, en hommes dont le regard est toujours dirigé vers le haut, et par là même en hommes qui sont devenus étrangers aux sensations humaines. Pendant notre plus grande fête publique, on s'approche pour consommer le don sacré en vêtements de deuil, et le regard baissé – pendant la fête, qui devrait être celle de la fraternisation universelle, certains ont peur d'attraper au contact du calice fraternel l'infection vénérienne de celui qui vient d'y boire, et dès lors leur esprit ne peut être attentif, ne peut être préoccupé par des sentiments sacrés, et pendant l'office ils doivent sortir l'offrande de leur poche et la poser dans l'assiette, alors que les Grecs, couronnés de fleurs, vêtus des couleurs de la joie, répandant la bonne humeur par leurs visages ouverts qui invitaient à l'amour et à l'amitié, s'approchaient de l'autel de leurs dieux généreux avec les présents joyeux de la nature.

L'esprit d'un peuple, l'histoire, la religion, le degré de liberté politique de ce peuple ne se laissent pas considérer isolément, ni d'après leur influence mutuelle ni d'après leur constitution; ils sont tressés ensemble en un seul lien – semblables à trois confrères dont aucun ne peut faire quelque chose sans les deux autres mais dont chacun accepte quelque chose

---

1. *Cf.* Platon, *Le banquet*, 173a-174c.

des autres. Former la moralité des hommes pris individuellement est l'affaire d'une religion privée, des parents, de ses
propres efforts et des circonstances ; former l'esprit d'un
peuple est, pour une part, aussi l'affaire de la religion du
peuple, pour une part des rapports politiques.

Cet esprit a pour père Chronos, il demeure toute sa vie sous
la dépendance de celui-ci (les circonstances temporelles) – sa
mère : la πολιτεια, la Constitution – son accoucheuse et sa
nourrice, c'est la religion, aidée dans sa tâche d'éducation par
les beaux-arts, la musique des mouvements corporels et
spirituels – [cet esprit est] une essence éthérée – il est amarré à
la terre par un lien léger mais qui résiste comme par une force
magique à toutes les tentatives de le briser, car il adhère
complètement à son essence, ce lien, dont les fondements
bruts résident dans les besoins, est tressé des fils multiples de
la nature ; chaque fil supplémentaire l'ancre davantage à la
nature, mais il ressent si peu une contrainte que, dans cet
agrandissement volontaire, dans cette multiplication de ses
fils, il trouve bien plutôt, car il s'agit d'une œuvre de son auto-
activité, une amplification de sa jouissance, une extension de
sa vie.

Tous les beaux et subtils sentiments se sont développés en
lui, sentiments qui apportent à l'expérience une multiplicité de
variations de plaisirs ; la joie et la gaieté dansent autour de lui,
ses compagnons de jeu plus sérieux sont amitié et amour, non
pas le faune des bois mais un amour certes frivole et cependant
animé et sensible – cette richesse de beaux sentiments peut
seulement être cultivée, peut seulement germer et fleurir, et
mûrir lentement comme chaque fruit de la nature – et ce bel
enfant ne peut être élevé que si sa mère, la πολιτεια, n'agit pas
envers lui comme une dure marâtre qui rabroue, si elle lui transmet, autant que possible, l'éducation de la nature, qui pousse

chaque plante à devenir d'autant plus belle qu'elle est moins soumise à des artifices. *Cf.* Longin, Platon, *Banquet*, p. 186.

La nourrice était chez les Grecs une amie de la maison, et elle restait l'amie de son nourrisson la vie durant ; la nourrice de notre génie, elle aussi, resta toujours son amie, celle à laquelle il apporte, dans la pureté de son cœur, sa libre reconnaissance, son amour libre. Compagne amicale, elle partage ses joies, participe à ses jeux ; elle est leur âme, leur guide ; elle ne le trouble pas dans ses joies – elle se maintient dans sa dignité, et toute atteinte portée à celle-ci est punie par la propre conscience morale de son élève – elle conserve toujours son autorité car celle-ci est basée sur l'amour, la reconnaissance, sur les nobles sentiments de son élève – par sa parure elle flattait les caprices de l'imagination de son élève – mais elle lui apprenait à respecter la nécessité de fer, à se plier sans murmurer à cet immuable destin.

Nous ne connaissons plus ce génie que par ouï-dire ; il nous est seulement accordé de contempler avec amour et admiration certains de ses traits dans les copies qui nous restent de sa silhouette ; et ces traits ne peuvent qu'éveiller une nostalgie douloureuse de l'original. Il est le beau jeune homme que nous aimons même dans son insouciance, accompagné de tout le cortège des grâces et du souffle balsamique de la nature, de l'âme qu'elle insuffle en chaque fleur, et qu'il suce en chaque fleur – cet esprit s'est enfui de la terre.

<L'Occident a donné naissance à un autre génie des nations, dont la figure se fait vieille, qui ne fut jamais beau, mais qui conserva quelques faibles traces de virilité ; son père est courbé et n'ose se relever ni pour regarder avec joie le monde qui l'entoure, ni pour avoir le sentiment de lui-même ; il est myope et ne peut voir que de petits objets un par un,

sans courage, sans confiance en sa force, il n'ose entreprendre aucun coup audacieux, des chaînes de fer>[1].

Ah, quelle image rayonne des jours lointains du passé jusqu'à une âme capable de vibrer à la beauté humaine, et à la grandeur de ce qui est grandiose! L'image d'un génie des peuples, d'un fils du bonheur et de la liberté, d'un nourrisson de la belle imagination. Le lien d'airain des nécessités naturelles enchaîne ce génie à la terre maternelle, mais ses sentiments et son imagination ont transformé, affiné, embelli et, avec l'aide des Grâces, entouré ce lien de roses, de sorte qu'il semble être son œuvre[2]. La joie, la gaieté, le charme étaient ses serviteurs; son âme était remplie de la conscience de sa force et de sa liberté, ses compagnons de jeu plus sérieux, l'amitié et l'amour, n'étaient pas le faune des bois mais *Amor* sensible, animé, orné de tous les charmes du cœur et des rêves charmants.

De son père, favori du bonheur et fils de la force, il reçut en héritage la confiance en son étoile et la fierté de ses exploits. Sa mère, une personne indulgente, non une femme criarde et dure, confia l'éducation de son fils à la nature; elle ne força pas ses membres délicats à entrer dans des langes qui le serrent et, plutôt que de limiter leur développement, elle suivait, en tant que bonne mère, les caprices et les idées qui traversaient son enfant chéri. En accord avec le père et la mère, la nourrice [la religion] ne devait pas vouloir l'élever, le conduire à l'adolescence, lui le fils de la nature, dans la crainte de la verge ou d'un spectre des ténèbres, ni avec les sucreries aigres-douces de la mystique, qui affaiblissent l'estomac, ni en le tenant en lisières par des mots qui l'auraient maintenu dans un état d'éternelle minorité; non, elle lui fit boire le lait entier de sentiments purs;

1. Ce passage entre crochets est barré.
2. *En marge:* « il se plaît dans ses chaînes comme dans son œuvre propre, comme dans une part de lui-même ».

à l'aide de la belle et libre imagination, elle orna de ses fleurs le voile impénétrable qui soustrait la Divinité à nos regards ; elle peupla par enchantement ce voile en laissant transparaître des images vivantes, sur lesquelles il transféra les grandes idées qui remplissaient son propre cœur avec toute l'abondance de sentiments nobles et beaux [1].

---

1. Cette description du génie grec évoque, remarque Aspelin, une peinture rococo sur un motif antique (*op. cit.*, p. 61-62, note 65). D. Janicaud met l'accent sur le ton schillérien de tout ce passage, et rappelle que le poème *Die Götter Griechenlands* date de 1788 (*op. cit.*, p. 37-40).

LA VIE DE JÉSUS (1795)

PRÉSENTATION

Pendant la période où il était précepteur à Berne, Hegel rédigea en soixante-seize jours, du 9 mai au 24 juillet 1795, un texte relativement développé et en apparence complet intitulé *Das Leben Jesu*. L'unité thématique et l'état d'achèvement indéniable qui le caractérisent permettent de le considérer non pas comme un simple fragment, mais plutôt comme la première version d'un opuscule, resté inédit. On peut remarquer que le titre ne décline pas le nom de Jésus : Hegel conserve en effet, comme on le faisait couramment à son époque, la forme du génitif latin Jesu, lui-même emprunté au grec Ἰησοῦ.

Concernant son contenu, ce qui frappe d'emblée le lecteur est le fait que la figure hégélienne de Jésus se trouve soustraite à toute dimension de miraculeux et de surnaturel : la résurrection du corps du Christ, pilier essentiel de la foi chrétienne, se trouve gommée (point qui restera d'ailleurs constant chez Hegel, jusque dans les Leçons de Berlin à la fin de sa vie). Mais cette absence de surnaturel est en même temps liée à la condamnation d'une existence qui resterait simplement naturelle et ne saurait s'élever au-dessus des inclinations sensibles qui, dans le climat kantien de ce texte de 1795, se voient critiquées comme n'étant pas proprement humaines. Car, selon ce qui est exposé, l'homme ne peut atteindre sa destination que par le respect de la raison, et de sa loi morale, la raison étant dans le même temps ce qui est divin en lui. L'homme est donc pleinement homme par sa raison et, par sa raison, participe au divin. Se laisser déterminer par quelque élément étranger à cette raison législatrice, que Kant avait nommée

« pratique » ou « pure pratique » – comme la nature, la tradition, la positivité des statuts d'Église – revient alors à étouffer cette « étincelle » de divin en soi qu'est la raison, et à déchoir de son humanité. On remarquera également la virulence anti-juive de ce texte : elle provient de l'interprétation hégélienne du judaïsme comme légalisme ou, dans les termes philosophiques du XVIIIᵉ siècle, comme religion positive. Si la présence de termes hébreux dans le texte (*Pessahfest* la plupart du temps préféré à *Osterfest* ou aussi *Shabbat*) – ainsi que le rappel de la circoncision de Jésus à son huitième jour ; ou encore la manière dont est rapportée la Cène, inscrivant nettement celle-ci dans la coutume orientale, des Arabes tout particulièrement, qui consiste à sceller une amitié par le partage d'un repas – si tous ces indices expriment assurément une volonté hégélienne d'inscrire cette vie de Jésus dans sa situation historique propre, une telle volonté n'exclut pas pour autant l'idée d'une rupture nette de Jésus avec le judaïsme, comme si un état d'esprit marcionien demeurait toujours sous-jacent au climat kantien du texte[1]. Hegel est-il pour autant kantien à cette époque ? Il faut noter que *La vie de Jésus* nous parle de l'ennoblissement du sensible, ce qui constitue pour le moins un travail sur la lettre du kantisme, une tentative de dépassement de la scission : ce travail pourrait assurément être interprété comme un abandon du kantisme pur, mais pourrait aussi bien naturellement, à l'inverse, être envisagé comme le signe de son assimilation et de son assomption par Hegel. Et comme d'autres fragments de la période de Berne se développent dans un contexte romantique et non rationaliste, certains commentateurs ont vu dans le kantisme de *La vie de Jésus* un simple détour pédagogique pour détruire la positivité et pour viser, au-delà du rationalisme, un idéal d'union. Mais là encore, à l'inverse, d'autres ont su découvrir dans les textes les plus romantiques de Hegel de cette même période un détour cette fois du rationalisme pour s'autocritiquer et s'affirmer en intégrant son autre, une « dialectique de l'*Aufklärung* ». D'autres enfin, refusant ces logiques trop fortes impo-

---

1. Sur cette question délicate, voir A. Simhon, « Une "sombre énigme" ? Étude hégélienne », *Archives de Philosophie*, 2006, 69/4.

sées selon eux au matériau textuel à interpréter, ont vu en cette dualité du romantisme et du rationalisme hégélien de Berne une tension indépassable à une époque où Hegel est toujours en recherche. Malgré l'affirmation d'un ennoblissement du sensible, et la suggestion d'une raison pratique sensible (la raison législatrice de la loi morale étant appelée aussi « cœur », *Herz* ou *Busen*), c'est bien en tout cas le rationalisme des Lumières en général et de la morale kantienne en particulier qui domine incontestablement *La vie de Jésus*.

La présente traduction a été établie à partir de l'actuelle édition de référence des *Gesammelte Werke*. *Das Leben Jesu* (1795)[1] se trouve au Tome premier, première partie, de cette édition aux pages 205-278 (texte 31); les remarques des éditeurs nous ont parfois été utiles pour établir nos notes, elles se situent aux pages 625-629 de ce même volume.

Tatjana BARAZON et Ari SIMHON

---

1. Traduction et notes par T. Barazon et A. Simhon d'après *Gesammelte Werke*, t. I, *Frühe Schriften I*, hrsg. von F. Nicolin und G. Schüler, Hamburg, Felix Meiner Verlag, 1989.

G.W.F. HEGEL

LA VIE DE JÉSUS

9 mai 1795

La raison pure, qui ne saurait être bornée[1], est la divinité elle-même : aussi le plan du monde est-il essentiellement ordonné selon la raison[2]; s'il est vrai qu'elle s'est souvent trouvée obscurcie, jamais elle n'a été complètement effacée et, même au milieu des ténèbres, il a toujours subsisté d'elle une faible lumière.

Parmi les Juifs, ce fut Jean qui incita les hommes à réveiller cette dignité qui était la leur; elle ne leur était en rien étrangère, mais ils devaient au contraire la rechercher en eux-mêmes, dans leur moi véritable; ce n'était pas dans leurs origines[3], dans le désir de bonheur ou dans la volonté de s'attacher à un homme de mérite qu'ils la trouveraient, mais dans le développement de l'étincelle divine qu'ils avaient reçue en partage, preuve qu'en un sens plus sublime[4] ils descendaient

1. Littéralement : « incapable de toute borne ». Il s'agit ici, selon une terminologie kantienne, de la raison pure pratique et non de la raison théorique, la première n'étant nullement soumise à une extériorité quelconque, la seconde étant au contraire limitée, dans sa prétention à connaître, au domaine de l'expérience.

2. Jn 1.

3. *Abstammung* : à la fois « origine » et « descendance ».

4. *In einem erhabnern Sinne.*

de la divinité. La formation de la raison est la seule source de vérité et d'apaisement ; Jean ne prétendait pas la posséder à lui seul ou comme une rareté, mais comme un bien que tous les hommes peuvent déceler en eux-mêmes.

Cependant le Christ s'est acquis un mérite plus grand pour avoir amélioré les maximes corrompues des hommes, et pour avoir reconnu la morale authentique et l'adoration de Dieu toute pure [1].

Le lieu où il naquit fut le village de Bethléem en Judée ; ses parents étaient Joseph et Marie [2] ; il tirait d'eux sa filiation à la lignée de David, comme le veut la coutume des Juifs qui attachaient beaucoup de valeur à la généalogie. Conformément à la loi juive, Jésus fut circoncis huit jours après sa naissance [3].

On ne sait rien de son éducation hormis les marques précoces d'une intelligence [4] peu commune et un intérêt pour les questions religieuses, comme en témoigne en particulier la fugue qu'il fit dans sa douzième année de la maison de ses parents, les plongeant dans un profond chagrin, et le fait qu'ils le retrouvèrent dans le Temple de Jérusalem au milieu des prêtres qu'il étonna par ses connaissances et par une capacité de jugement exceptionnelles pour son âge [5]. Sur son éducation plus approfondie de jeune homme et jusqu'au temps où il apparut lui-même comme un homme cultivé et comme un maître, de toute la période si hautement remarquable de sa formation jusqu'à sa trentième année, nous est seulement parvenu le fait

1. Mt 1,2.

2. *En marge* : « qui étaient d'ailleurs originaires de Galilée, mais qui durent voyager vers Bethléem, le lieu d'origine de la famille de Joseph, afin de se faire recenser sur la liste de la communauté juive, pour obéir à un décret d'Auguste. C'était, semble-t-il, là la raison [de leur voyage] ».

3. Lc 2,21.

4. *Verstand.*

5. Lc 2,41.

qu'il connut Jean, dont nous avons fait mention ci-dessus, et qui se faisait appeler Baptiste parce qu'il avait l'habitude de baptiser ceux qui entendaient son appel à devenir meilleurs[1]. Jean ressentait en lui la vocation d'intéresser ses compatriotes à des fins plus nobles que la simple jouissance, et à de meilleures attentes que la restauration du royaume juif dans son ancien éclat. L'endroit où, d'ordinaire, il résidait et enseignait était une région isolée; quant à ses autres besoins, ils étaient très simples: il portait pour tout vêtement un manteau de poil de chameau avec une ceinture en cuir; il se nourrissait de sauterelles, comestibles en ces régions-là, et du miel des abeilles sauvages. Sur son enseignement, on ne sait d'une manière générale rien d'autre si ce n'est qu'il appelait les hommes à changer d'état d'esprit et à traduire ce changement par des actes[2]; et lorsque, parmi ceux qui venaient à lui, quelques-uns montraient du remords pour leur comportement antérieur, il les baptisait: cet acte symbolique montrait, par la ressemblance avec le fait de laver les impuretés, l'abandon d'une disposition corrompue. Jésus vint donc aussi à lui et se fit baptiser, mais il ne semble pas que Jean ait tiré honneur d'avoir de jeunes disciples et de se les attacher. En effet, sitôt qu'il découvrit en Jésus les grandes dispositions que ce dernier allait confirmer par la suite, il lui remontra qu'il n'avait nul besoin d'être baptisé; aussi bien conseilla-t-il à d'autres de se tourner vers Jésus pour recueillir son enseignement. Par la suite il témoigna aussi sa joie en apprenant que Jésus avait trouvé tant d'auditeurs et en avait baptisé un si grand nombre, quoique Jésus ne les baptisât point lui-même mais le laissât faire à ses amis[3].

---

1. Mt 3; Lc 3.
2. *En marge, attaché*: « que les Juifs, en tant que descendants d'Abraham lui-même, n'en aient pas besoin pour plaire à Dieu était une croyance erronée ».
3. Jn 3,27.

Jean finit par être victime de la vanité blessée d'Hérode, souverain de ces contrées, et de celle d'une femme[1]. En effet, pour avoir blâmé les relations de ce prince avec sa belle-sœur Hérodiade, il fut jeté en prison sur l'ordre d'Hérode ; cependant Hérode n'osait pas l'écarter complètement, car le peuple considérait Jean comme un prophète. Au cours d'une fête brillante que donnait Hérode le jour de son anniversaire, une fille d'Hérodiade se produisit comme danseuse ; elle sut charmer si bien le prince qu'il l'autorisa à lui demander une faveur : quand même la demande porterait sur la moitié de son royaume, elle lui serait accordée. Sa mère, dont la vanité blessée avait dû contenir jusque-là sa vengeance à l'encontre de Jean, incita sa fille à demander sa mort. Hérode n'eut pas le courage de croire, ni de témoigner devant ses invités, que sa promesse n'allait pas jusqu'au crime. C'est ainsi que la tête de Jean fut remise à la jeune fille sur un plateau qu'elle apporta à sa mère. Les disciples de Jean enterrèrent son corps.

Outre cet événement, en ce qui concerne cette période de sa vie, la postérité n'a recueilli encore que quelques minces indices des progrès de son esprit[2].

Pendant ses heures de méditation solitaire, il se demanda un jour si, en étudiant la nature et en entrant peut-être en relation avec des esprits supérieurs, il ne valait pas la peine de chercher à transformer des matériaux vulgaires en matériaux plus nobles et plus immédiatement utiles aux hommes, comme de changer des pierres en pain[3] ; mais il repoussa cette idée en considérant la limite fixée par la nature elle-même au pouvoir que l'homme détient sur elle, jugeant même que ce dernier

1. Mt 14.
2. Mt 4 ; Lc 4.
3. *En marge* : « ou encore de se rendre en général plus indépendant de la nature – (se jeter en bas) ».

s'abaisserait en aspirant à un tel pouvoir, dans la mesure où il possède en lui-même une force sublime[1] au-dessus de la nature, dont le développement et l'élévation[2] constituent la véritable destination de sa vie.

Une autre fois également lui vint à l'esprit tout ce qui est tenu pour grand parmi les hommes et digne d'être l'objet de leur activité : vouloir régner en maître sur des millions de sujets, étendre sa renommée dans la moitié du monde, voir des milliers d'hommes soumis à sa volonté et à ses caprices, ou bien vivre dans l'agréable jouissance de ses désirs satisfaits et de tout ce qui peut exciter la vanité ou les sens. Mais lorsqu'une réflexion plus profonde lui fit voir les conditions par lesquelles, même s'il était animé du seul dessein de servir le bien de l'humanité, il lui fallait passer pour obtenir tout cela, essentiellement[3] l'oubli de sa dignité la plus élevée et le renoncement à sa propre estime, il rejeta sans hésiter l'idée de concevoir un jour de tels désirs, décidé qu'il était de rester éternellement fidèle à la résolution gravée dans son cœur, de vénérer seulement la loi éternelle de la moralité[4] et Celui dont la volonté sainte ne peut se gouverner que par elle.

Ce n'est que dans sa trentième année que Jésus se fit connaître comme maître. Au commencement, il semble que sa

1. *Erhabene* : « sublime ». *Cf.* la *Critique de la faculté de juger* de Kant qui invite à passer de la considération du sublime (mathématique ou dynamique) de la nature au sublime de la destination morale.

2. *Erhöhung* : signifie comme *Erhebung* « élévation ».

3. *En marge, sans attachement clair* : « s'abaisser en dessous de ses passions propres et étrangères ».

4. *Sittlichkeit* : littéralement, « éthicité », ce qui connote les coutumes, la vie sociale et leur normativité propre. Les textes de maturité distingueront *Moralität*, la morale au sens kantien, au sens d'une normativité fondée dans le sujet (chez Kant, dans la raison) et *Sittlichkeit*, la morale concrète émanant de la vie d'un peuple. Cependant, le contexte de *La vie de Jésus* – ici la dimension d'éternité de la loi – impose que l'on rende *Sittlichkeit* par « moralité » ou « morale ».

parole[1] ne se soit adressée qu'à un auditoire restreint ; bientôt le rejoignirent ceux qui trouvaient du goût à son enseignement ou d'autres qui répondaient à son appel[2] ; ils l'accompagnaient le plus souvent partout et, par son exemple et son enseignement, Jésus cherchait à remplacer en eux la mentalité bornée des préjugés juifs et de l'orgueil national par son esprit qui n'attachait de valeur qu'à la vertu, liée ni à une nation particulière ni à des institutions positives. L'endroit où il résidait habituellement était la Galilée, à Capharnaüm, d'où il avait coutume d'entreprendre le pèlerinage à Jérusalem lors des grandes fêtes juives, en particulier chaque année pour celles de la Pâque[3].

La première fois qu'il vint à Jérusalem depuis qu'il s'était fait connaître comme maître public, Jésus fit sensation par un événement remarquable[4]. Alors qu'il entrait dans le Temple où venaient en affluence tous les habitants de la Judée pour s'élever dans une prière commune au-dessus des menues préoccupations de la vie et pour se rapprocher de la divinité, il trouva une foule de marchands qui spéculaient sur la piété des Juifs et faisaient commerce de toutes sortes de marchandises dont ces derniers avaient besoin pour leurs offrandes[5] et, lorsque la foule affluait de toutes les régions de la Judée, ils faisaient leurs affaires au moment des fêtes, et dans le Temple [même]. Rempli d'indignation envers cet esprit mercantile, Jésus chassa les marchands hors du Temple.

Il trouva beaucoup de personnes chez qui son enseignement était reçu. Il connaissait trop bien l'attachement

1. *Vortrag.*
2. Jn 1, 35-51.
3. *Osterfest.* Hegel emploie également *Pessahfest*, emprunt littéral à l'hébreu, et que nous traduirons par « fête de Pessah ».
4. Jn 2, 12-55.
5. *Opfer* : « offrande » ou « sacrifice ».

des Juifs à leurs préjugés nationaux solidement enracinés, ainsi que leur manque d'intelligence[1] [qui les empêchait d'aspirer] à un idéal plus élevé, pour se lier à eux plus étroitement et mettre sa confiance dans leur conviction[2] : il ne la jugeait pas de celles sur lesquelles il est possible de construire quelque chose de plus grand. Et il était trop éloigné autant de la vanité de se croire honoré par l'approbation d'un grand nombre que de la faiblesse d'en être, comme par un témoignage, affermi davantage dans sa propre conviction. Il n'avait besoin ni d'approbation, ni d'autorité pour croire à la raison.

La sensation que Jésus produisait à Jérusalem semblait faire peu d'impression sur les maîtres du peuple et les prêtres ; du moins ces derniers affectaient-ils de le mépriser en le traitant avec hauteur[3]. Cependant l'un d'entre eux, Nicodème, se sentit tenu[4] de connaître Jésus de plus près, de se laisser convaincre de vive voix de la nouveauté et de la différence de son enseignement[5] et [de voir] s'il était digne d'attention. Toutefois, pour ne pas s'exposer à la haine ou aux railleries, il vint chez lui dans les ténèbres de la nuit.

« Je viens, dit Nicodème, recevoir moi aussi ton enseignement, car tout ce que j'entends venant de toi me prouve que tu es un envoyé de Dieu, que Dieu habite en toi, que tu viens du ciel ». « Assurément, répondit Jésus, celui qui n'a pas son origine au ciel, et qui n'est point habité par une force divine, n'est pas citoyen du royaume de Dieu ». « Mais, répliqua Nicodème, comment l'homme pourrait-il renoncer à ses penchants naturels, comment pourrait-il atteindre quelque

1. *Sinn.*
2. *Überzeugung.*
3. Jn 3.
4. *Veranlast.*
5. *Lehre.*

chose de plus élevé ? Il lui faudrait retourner dans le ventre de sa mère et naître autre, comme d'une autre espèce ».

« L'homme en tant qu'homme, répliqua Jésus, n'est pas simplement un pur être sensible. Sa nature ne se borne pas seulement à son appétit de jouissance. Il y a aussi en lui de l'esprit ainsi qu'une étincelle de l'être divin ; il a reçu en héritage la part de tous les êtres doués de raison. De même que tu entends siffler le vent et que tu sens son souffle, mais que tu es impuissant face à lui, ne sais d'où il vient ni où il va, de la même façon irrésistible tu ressens intérieurement cette faculté autonome et inébranlable ; cependant la manière dont elle est liée à l'âme[1] humaine, par ailleurs soumise au changement, comme celle par laquelle elle peut exercer sa domination sur les facultés sensibles, nous sont inconnues ».

Nicodème avoua que de tels concepts lui étaient inconnus. Jésus lui dit alors : « Comment, tu es un maître en Israël et tu ne comprends pas ce que j'ai dit ? J'ai en moi-même cette conviction, aussi vivante que la certitude de ce que je vois et entends. Et comment puis-je vous demander de croire cela sur mon témoignage, si vous n'accordez aucune attention au témoignage intérieur de votre esprit, à cette voix céleste ? Car elle seule, dont la source est au ciel, est à même de vous renseigner sur ce qui est le besoin supérieur de la raison ; seule la foi en elle et l'obéissance envers elle permettent de trouver le calme et la grandeur véritables, ainsi que la dignité humaine. Car la divinité a distingué l'homme du reste de la nature au point qu'elle l'a animé du reflet de son être, et l'a doté de raison. Seule la foi en elle permet à l'homme de remplir sa haute destinée. Elle ne condamne pas les penchants naturels mais les guide et les ennoblit. Seul celui qui ne lui obéit pas, et ainsi se

1. *Gemüth.*

juge lui-même, méconnaissant cette lumière, ne l'ayant pas nourrie en lui, montrant ainsi de quel esprit il est le fils, se dérobe à l'éclat de la raison qui ordonne la moralité comme devoir; et ses œuvres mauvaises se soustraient à cette illumination qui [autrement] le remplirait de honte, de mépris envers soi-même et de repentir ».

« Mais celui qui se comporte de façon honnête s'approche volontiers du tribunal de la raison; il ne redoute ni ses remontrances ni la connaissance de soi qu'elle lui apporte; il n'a pas besoin de cacher ses actions, puisqu'elles témoignent de l'esprit qui l'a animé, de l'esprit du monde rationnel, de l'esprit de la divinité ».

Lorsqu'il vit que la foule de ceux qui acclamaient son enseignement attirait l'attention des Pharisiens, Jésus quitta de nouveau Jérusalem[1]. Il retourna ainsi en Galilée; sa route lui fit traverser la Samarie. Il avait envoyé au-devant de lui ses disciples acheter de la nourriture en ville; lui-même se trouva pendant ce temps près d'une source qui devait avoir appartenu à Jacob, l'un des ancêtres du peuple juif. Il rencontra à cet endroit une Samaritaine à qui il demanda de lui tirer de l'eau pour boire. Elle s'étonna de le voir lui, un Juif, demander à boire à une Samaritaine, tant les deux peuples avaient conçu l'un pour l'autre une haine à la fois religieuse et nationale et n'entretenaient aucune sorte de relation.

Jésus répliqua: « Si tu connaissais mes principes, tu ne m'aurais point pris pour un Juif de l'engeance[2] ordinaire. Et même, tu n'aurais pas craint de me demander à ton tour à boire; je t'aurais alors ouvert une autre source d'eau vivante. La soif de celui qui y puise est étanchée, l'eau qui en jaillit est un torrent qui conduit à la vie éternelle ». « Je vois que tu es un sage, répon-

---

1. Jn 4.
2. *Schlag*: « espèce, engeance », terme extrêmement péjoratif.

dit la Samaritaine, alors j'ose te demander une explication sur la question fondamentale qui oppose nos deux peuples. Nos pères rendent leur culte à Dieu ici, sur le mont Garizim ; pourtant vous soutenez que Jérusalem est le seul endroit où le Très-Haut puisse être vénéré ». Jésus lui répondit : « Crois-moi, femme, un temps viendra où vous ne célébrerez aucun culte, ni sur Garizim ni à Jérusalem, où l'on ne croira plus que le culte de Dieu se réduit à certains actes prescrits à l'avance ni ne se cantonne en un lieu déterminé. Le temps viendra et, de fait, il est déjà arrivé, où les adorateurs authentiques de Dieu vénéreront le Père universel dans l'esprit véritable de la religion ; car seuls plaisent à Dieu ceux en qui habite l'esprit [1], dans lequel règnent la raison seule et, à son sommet, la loi morale. Sur cela seulement doit être fondée l'authentique adoration de Dieu ».

Le récit que fit la femme à ses concitoyens sur Jésus et sur l'entretien qu'elle avait eu avec lui les conduisait déjà à concevoir une haute opinion de Jésus. Elle détermina de nombreux Samaritains à aller le trouver pour suivre son enseignement. Tandis que Jésus s'entretenait avec eux, ses disciples, revenus entre-temps, lui proposèrent de manger. Il leur répondit : « Laissez cela : vos pensées sont tournées vers le repas et vers la moisson qui approche ; pour moi, je ne pense pas à la nourriture du corps : je suis tout occupé à accomplir la volonté de Dieu et à œuvrer à l'amélioration des hommes. Portez plus loin votre regard [et] considérez la moisson pour laquelle mûrit le genre humain : cette semence elle aussi mûrit ; [or] vous n'avez point semé dans ces régions-là. Le germe du bien que la nature a placé dans le cœur des hommes s'est de lui-même développé ici ou là : votre tâche est de prendre soin de ces fleurs, de vous inscrire dans le travail commencé par la

1. *Der Geist.*

nature et d'amener la semence à maturation ». À la demande des Samaritains, Jésus demeura auprès d'eux pendant deux jours, leur donnant l'occasion de voir confirmée par leur propre expérience la haute opinion que le récit de la femme leur avait fait concevoir de lui.

Au bout de deux jours, Jésus reprit son chemin vers la Galilée; là où il arrivait, il appelait les hommes à changer leur état d'esprit, à devenir meilleurs, cherchant à les réveiller de leur assoupissement, de leur espérance stérile et passive en un Messie qui apparaîtrait bientôt et rétablirait l'éclat du culte et de l'État juifs[1]. « N'attendez pas quelqu'un d'autre, leur disait Jésus; mettez vous-mêmes la main à l'œuvre de votre amélio- ration; fixez-vous un but plus élevé que celui de redevenir ce qu'étaient les anciens Juifs; devenez meilleurs : c'est ainsi que vous ferez venir le royaume de Dieu ». Ainsi Jésus enseignait partout, à Capharnaüm sur le lac de Genezareth, dans les lieux publics et dans les salles d'études des Juifs[2]. Entre autres, il commenta aussi à Nazareth, dont il était originaire, un passage des livres saints de son peuple; [cependant] l'on disait : « N'est-ce pas le fils de Joseph qui naquit et fut élevé parmi nous? » Car insurmontable était le préjugé des Juifs, selon lequel le sauveur qu'ils attendaient devait être d'origine noble et apparaître environné d'un éclat extérieur. Ses concitoyens le chassèrent enfin de la ville; c'est alors qu'il lui vint à l'esprit le proverbe selon lequel nul n'est prophète en son pays.

Ce fut aussi en Galilée qu'il invita Pierre et André, ainsi que Jacques et Jean, à le suivre, les trouvant occupés à la pêche, qui était leur métier; il dit à Pierre : « Laisse là tes poissons : je veux faire [de toi] un pêcheur d'hommes »[3].

1. Mt 4,12 *sq.*; Lc 4,14; Jn 4,43.
2. Lc 4,16-30.
3. Mt 4,18-22.

Le nombre de ses disciples commença alors à devenir très considérable. Venus de villes et de villages, de nombreux hommes l'accompagnaient[1]. C'est probablement devant une foule aussi nombreuse qu'à ce moment de sa vie il prononça sur une montagne le discours qui suit[2] :

« Bienheureux les humbles et les pauvres : le royaume des cieux leur appartient.

Bienheureux ceux qui sont affligés : ils seront un jour consolés.

Bienheureux ceux qui recherchent la paix : ils parviendront à jouir du repos.

Bienheureux ceux qui portent [en eux] le désir de justice : leur désir sera exaucé.

Bienheureux les miséricordieux : ils obtiendront à leur tour miséricorde[3].

Bienheureux les cœurs purs : ils s'approchent du [Très] Saint[4].

Bienheureux les pacifiques : ils seront appelés enfants de Dieu.

Bienheureux ceux qui souffrent la persécution pour la juste cause et qui endurent la honte et la calomnie ; réjouissez-vous et exultez : vous êtes citoyens du royaume des cieux ».

« Mes amis, je souhaiterais pouvoir dire à votre endroit que vous êtes le sel de la terre : mais lorsque celui-ci vient à s'affadir, avec quoi peut-on encore saler ? Il disparaît imperceptiblement parmi les autres matières communes. Si la force

1. Mt 4,25.
2. Mt 5.
3. Nous avons laissé la phraséologie la plus traditionnelle. Plus littéralement peut-être : « Bienheureux ceux qui ont de la compassion : la pitié leur sera également accordée ».
4. Mot à mot : du Saint.

du Bien venait à mourir en vous, vos actions se noieraient alors parmi les autres vains faits et gestes des hommes. Apparaissez comme des lumières du monde, que vos actions éclairent les hommes et qu'elles enflamment le meilleur qui repose en eux, en sorte qu'ils apprennent à regarder vers des buts plus élevés, et vers le Père qui est au ciel ».

« Ne croyez pas que je sois venu vous exhorter à nier la validité des lois : je ne suis pas venu supprimer[1] l'obligation de les suivre, mais les accomplir[2] en insufflant de l'esprit à cette carcasse morte. Le ciel et la terre peuvent bien passer, non point les exigences de la loi morale, ni le devoir de s'y soumettre. Celui qui s'affranchit lui-même ainsi que les autres de l'obéissance aux lois est indigne de porter le nom de citoyen du royaume de Dieu. Mais celui qui les accomplit[3], et apprend également aux autres à les honorer, celui-là sera considéré dans le royaume des cieux. Mais ce que j'ajoute pour achever[4] tout le système des lois est la condition principale : vous ne devez pas vous contenter d'observer les lois à la lettre[5] comme font les Pharisiens et les gens instruits de votre peuple, mais vous agirez selon l'esprit de la loi par respect du devoir. Afin de vous éclairer, voici quelques exemples tirés de votre recueil de lois : vous connaissez l'ancienneté du commandement qui dit : "Tu ne tueras point ; celui qui tue devra être traduit devant un tribunal". Eh bien je vous dis, moi, que ce n'est pas précisément le meurtre d'autrui qui constitue un crime passible d'une peine : celui qui s'emporte contre son frère de manière injustifiée ne saurait,

---

1. *Aufzuheben.*
2. *Vollständig zu machen.*
3. *Erfüllt.*
4. *Auszufüllen* : emplir, combler, compléter.
5. *Attaché en marge* : « qui seule peut constituer l'objet des tribunaux humains ».

certes, être jugé en ce monde par un tribunal mais, dans l'esprit de la loi, il est aussi coupable que le premier. Mais celui qui, par mépris des hommes… » [*le texte s'interrompt*].

« De même, l'on vous prescrit de faire des offrandes à certaines périodes ; [cependant] lorsque vous approchez de l'autel et que vous vous souvenez à cet instant d'avoir offensé un homme et qu'il en éprouve du ressentiment, laissez alors votre offrande devant l'autel et allez tendre la main à votre frère en signe de réconciliation ; ensuite seulement vous approcherez de l'autel de façon à plaire à Dieu ».

« Un de vos commandements dit aussi : "Tu ne commettras point d'adultère". Eh bien je vous dis, moi, que la faute ne réside pas seulement dans l'acte effectif : la concupiscence en général prouve déjà l'impureté du cœur. Quelle que soit l'inclination, qu'elle soit la plus naturelle ou la plus attirante, faites-lui violence, allez même jusqu'à la blesser, avant qu'elle ne vous entraîne au-delà des limites du droit [1] et ne vous laisse miner et corrompre petit à petit vos maximes, quand bien même vous ne violeriez pas la lettre de la loi en satisfaisant votre inclination ».

« Une ancienne loi dit plus loin : "Tu ne feras point de faux serment". Cependant, d'une façon générale, si vous avez de l'estime pour vous-mêmes, chaque assertion, chaque promesse assortie d'un simple *oui* ou *non* doit être aussi honnête, aussi sacrée et inviolable qu'un serment au nom de la divinité ; car vous ne devez donner votre *oui* ou votre *non* qu'avec la conviction d'agir ainsi de toute éternité ».

« Voici une autre loi civile : "Œil pour œil, dent pour dent". Cependant, ne laissez pas ce précepte juridique régler votre vie privée, lorsqu'il s'agit de répondre à des insultes ou de témoi-

---

1. Mot à mot : « au-delà de la ligne du droit ».

gner de l'obligeance. Soyez indifférents à tout instinct de propriété en sacrifiant la soif de vengeance[1] et la vôtre en particulier en faveur de ces sentiments plus nobles que sont la douceur et la bonté, quand bien même [en résulteraient pour vous] de justes avantages ».

« Il vous est, certes, aussi prescrit d'aimer vos amis et votre nation ; mais il vous est permis par ailleurs de haïr vos ennemis ainsi que les étrangers. Eh bien je vous dis au contraire : ayez le même respect de l'humanité en vos ennemis si vous ne pouvez les aimer ; souhaitez du bien à ceux qui vous maudissent et faites du bien à ceux qui vous haïssent ; priez pour ceux qui vous calomnient auprès des autres et les emploient à vous rendre malheureux. Vous deviendrez ainsi les véritables enfants du Père qui est au Ciel, semblables à l'infiniment Bon qui laisse briller son soleil sur les bons et les méchants et les justes et les injustes profiter de sa pluie. Car si vous aimez en retour ceux qui vous aiment, si vous faites du bien à vos bienfaiteurs ou si vous prêtez afin de recevoir une valeur équivalente en retour, quel mérite cela vous vaut-il ?[2] Il n'y a rien là qu'un sentiment naturel, que les méchants eux-mêmes ne renient pas. En agissant de la sorte, vous n'avez encore rien fait par devoir. Recherchez [donc] la sainteté, comme la divinité [elle-même] est sainte ».

« L'aumône et la charité sont des vertus recommandables[3] ; cependant, comme pour les commandements ci-dessus, elles n'ont aucun mérite lorsqu'elles ne sont pas pratiquées par esprit de vertu, mais seulement pour se mettre en valeur. Si donc vous voulez faire l'aumône, ne le criez pas à son de

1. Mot à mot : « Sacrifiez, indifférents à la possession de toute propriété, la soif de vengeance ».
2. Lc 6,35.
3. Mt 6.

trompe par les rues, en chaire ou dans les journaux, comme font les hypocrites pour recueillir la louange du monde ; [au contraire], faites-le en cachette ; que votre main gauche, en quelque sorte, ignore ce que donne votre main droite. Votre récompense, si vous éprouvez le besoin de vous représenter une récompense pour vous encourager, c'est le sentiment intime[1] d'avoir bien agi ; et quoique le monde soit si peu informé de leur auteur, même s'il s'agit de petites [choses], [comme] du secours apporté au malheur, de la consolation offerte à la misère, l'effet de votre action est pourtant riche en conséquences bienfaisantes pour l'éternité ».

« Lorsque vous priez, agissez le moins possible comme font les hypocrites qui se mettent à genoux dans les églises, joignent les mains dans la rue ou importunent leurs voisins par leur chant, cherchant de la sorte à se faire remarquer du monde. En vérité, leur prière ne porte point de fruit. Que votre prière ait lieu en pleine nature ou dans votre chambre, elle doit vous élever l'esprit au-dessus des buts mesquins que se fixent les hommes et des désirs qui les entraînent çà et là ; [elle doit élever] votre pensée jusqu'au Saint qui vous rappelle la loi enfouie dans vos cœurs[2], vous emplissant d'estime pour elle et d'insensibilité pour tous les attraits[3] des inclinations ».

« Ne croyez pas que l'essence de la prière réside dans un grand nombre de mots, comme font les superstitieux, pensant pouvoir se mettre sous la protection de la grâce de Dieu ou détenir quelque pouvoir sur lui et sur les desseins de sa Sagesse éternelle. Ne leur ressemblez pas en cela : votre Père sait de

---

1. *Stille Gedanke* : mot à mot : « pensée tranquille ». *Stille* connote à la fois la tranquillité (l'absence de mouvement) et le « silence » (l'absence de bruit), d'où notre choix de le rendre par « intime ».

2. *Busen.*

3. *Reizen* : à la fois « charme, attrait » et « excitation, stimulation ».

quoi vous avez besoin avant que vous ne le [lui] demandiez; aussi les besoins de la nature, les souhaits [provenant] de [vos] dispositions[1] ne peuvent-ils être l'objet de vos prières. Comment pourriez-vous en effet savoir si le plan moral de Celui qui est Saint a pour but de les exaucer? Que l'esprit de votre prière soit tel que vous soyez vivifiés par la pensée de la divinité; prenez devant elle la ferme résolution de consacrer tout le cours de votre vie[2] à la vertu. Si l'on voulait traduire par des mots cet esprit de la prière, il pourrait à peu près se laisser exprimer ainsi: "Père des hommes à qui tous les cieux sont soumis, toi qui es le seul Saint, sois pour nous l'image présente à notre esprit, celle où nous aspirons tous de nous approcher. Que ton royaume un jour puisse advenir, celui où tous les êtres pourvus de raison[3] auront la seule loi pour régler leurs actions, [où] peu à peu toutes les inclinations seront soumises à cette idée, et même le cri de la nature. Conscients de notre imperfection pour accomplir ta sainte volonté, comment pourrions-nous nous ériger en juges sévères de nos frères, ou [en nous montrant] assoiffés de vengeance? Nous sommes plutôt résolus à ne travailler que sur nous-mêmes, afin de rendre notre cœur meilleur, d'ennoblir les mobiles de nos actions, de [nous] purifier de plus en plus [de] notre penchant au mal, pour devenir plus semblables à Toi seul en qui la sainteté et la félicité sont infinies" ».

« Vous possédez un signe de votre progrès[4] vers la perfection morale: il s'agit de l'intensification[5] de l'amour

1. *Geneigtheit*: « disposition », à la différence de *Neigung* (« penchant » ou « inclination ») qui comporte, dans le climat kantien de *La vie de Jésus*, une connotation péjorative.
2. *Wandel*.
3. *Vernünftige Wesen*.
4. *Zunahme*.
5. *Zunahme*.

fraternel et de votre disposition[1] au pardon. Ces trésors terres-
tres que vous ne sauriez jamais appeler totalement votre bien
propre – comme l'or et l'argent ou la beauté et l'adresse ; tout
ce qui est soumis à la corruption ou au changement ; qui est de
même [exposé] à la rouille ou à être rongé par les insectes ; qui
court le risque d'être volé – ne les laissez [donc] pas emplir
votre âme, [mais] recueillez en vous-mêmes un trésor impé-
rissable, une richesse morale, le seul trésor qui puisse être
nommé votre propriété[2], au sens plein de ce mot, dans la
mesure où il dépend de votre moi le plus propre[3]. La contrainte
de la nature ou la volonté mauvaise des hommes, la mort même,
ne peuvent rien contre lui. De même que l'œil sert de lumière
au corps et le guide dans toutes ses tâches quand il est sain,
mais le rend maladroit en tout lorsqu'il vient à défaillir ; de
même, lorsque la lumière de l'âme, qui est la raison, vient à
être obscurcie, comment la moindre pulsion, la moindre tendance pourraient-elles recevoir leur véritable direction ? De
même que nul ne saurait servir deux maîtres avec le même
zèle, de même le service de Dieu et de la raison ne se peut
concilier avec celui des sens : l'un des deux exclut l'autre ; ou
alors il advient qu'on balance entre les deux de manière funeste
et impuissante. C'est pourquoi je vous exhorte à échapper au
souci perpétuel du manger, du boire et du vêtir, à ces besoins
qui constituent l'univers tout entier où la plupart des hommes
font tendre leurs efforts et qui, selon l'importance qu'ils leur
donnent, semblent constituer toute leur destinée[4] et la fin
dernière de leur existence. Pourtant, ne se trouve-t-il pas dans
l'esprit humain un besoin plus sublime encore que celui de se

1. *Geneigtheit.*
2. *Eigenthum.*
3. *Eigensten.*
4. *Bestimmung.*

nourrir et de se vêtir ? Considérez donc les oiseaux dans le ciel qui, sans soucis, ne sèment ni ne récoltent, et n'amassent point dans les granges, car le Père de la nature a prévu de les nourrir. Votre destinée[1] n'est-elle pas plus élevée que la leur ? Et seriez-vous condamnés par la nature à n'exercer toutes les forces nobles de votre âme que pour satisfaire aux besoins de votre ventre ? Vous vous donnez un mal extrême pour parer et embellir l'aspect que la nature vous a donné : [mais] votre vanité peut-elle, avec toute la réflexion et le souci qu'elle dépense, vous faire grandir d'un pouce ? Voyez aussi les fleurs des champs qui fleurissent si somptueusement aujourd'hui et seront demain changées en foin : Salomon pourrait-il, avec toute sa pompe, imiter la libre beauté de la nature ? Débarrassez-vous donc quelque peu du souci et de la crainte de la nourriture et de l'habillement. Que la fin la plus noble à laquelle vous aspiriez soit le royaume de Dieu et la morale, qui vous permet seule de devenir dignes d'en être les citoyens. Le reste ensuite viendra de soi ».

« Ne soyez pas sévères dans les jugements que vous portez sur les autres[2] car on en usera de même avec vous, et cela pourrait ne pas toujours être en votre faveur. Pourquoi apercevez-vous avec tant de complaisance la paille la plus infime dans l'œil d'autrui sans remarquer celle bien plus grosse qui est dans le vôtre ? Et même, pourquoi dites-vous encore, à peu près [en ces termes] : "Arrête, mon ami, laisse-toi donc retirer cette paille de l'œil ?". Considérez que la bien plus grosse se trouve dans votre propre œil. Hypocrite, retire-la d'abord, et ensuite seulement pense à guérir autrui ; travaille d'abord sur toi-même avant de vouloir travailler sur les autres. Comment un aveugle peut-il montrer le chemin à un autre

1. *Bestimmung*.
2. Mt 7.

aveugle? Ne tomberont-ils pas tous deux dans le fossé? Ou
bien le maître peut-il rendre l'élève plus adroit qu'il n'est lui-
même [1]? Dès lors, si vous voulez améliorer les autres, ne vous
tournez pas imprudemment vers n'importe qui sans discer-
nement, ne jetez pas ce qui est sacré [2] aux chiens ni des perles
aux pourceaux : ils le fouleraient simplement aux pieds, se
retourneraient contre vous et vous renverseraient. Abordez
les hommes avec des demandes et souvent ils vous céderont;
cherchez un côté par où vous puissiez les approcher et vous en
trouverez un, frappez doucement et vous trouverez l'entrée ».

« Voici ce qu'il vous est possible de viser : que la loi
universelle valable parmi les hommes le soit aussi pour vous, et
que vous agissiez selon cette maxime. Car elle est la loi fondamentale de la morale, le contenu de toutes les législations et des
livres sacrés de tous les peuples. Entrez par cette porte du droit
dans le temple de la vertu ; cette porte est assurément étroite et le
chemin qui y conduit périlleux ; aussi aurez-vous peu de compagnons. Le palais du vice et de la débauche, dont le portail est
large et le chemin aisé, est d'autant plus recherché. En chemin,
méfiez-vous surtout des faux maîtres qui vous approchent avec
l'air doux de l'agneau mais dissimulent des appétits de loup
féroce. Vous disposez d'un signe sûr pour les reconnaître facilement au travers de leur déguisement : jugez-les sur leurs actes.
On ne cueille assurément pas de raisin sur des épines ni des
figues sur des chardons. Tout bon arbre porte de bons fruits et
tout mauvais arbre en porte de mauvais [3]. Celui qui porte de
mauvais fruits n'est donc pas un bon arbre et celui qui en porte
de bons n'est pas pourri. Vous les reconnaîtrez donc à leurs
fruits : de la richesse d'un cœur bon jaillit le bien, d'un cœur

1. Lc 6,40.
2. *Écrit en dessous* : « (des anneaux) ».
3. Lc 6,43.

mauvais sort le mal en abondance [1]. Ne vous laissez pas duper par des mots pieux. Ce n'est pas celui qui invoque Dieu, le prie et lui offre des sacrifices, qui est un membre de son royaume, mais seulement celui qui fait sa volonté, annoncée à l'homme dans la loi de sa raison. Nombreux seront ceux qui, dans l'éternité, diront devant le Juge du monde : "Seigneur, Seigneur, quand nous faisions des miracles, quand nous exorcisions les mauvais esprits, quand nous accomplissions de grandes actions, n'avons-nous pas eu recours à ton nom ? Ne t'avons-nous pas remercié [en reconnaissant ces actes] comme tes œuvres ?". Il leur sera alors répondu : "De quoi vous servent vos miracles, vos prédictions ou vos grandes actions ? S'agissait-il de cela ? Vous, faiseurs de miracles et autres devins, vous qui accomplissez de grandes actions, Dieu ne vous reconnaît pas pour siens, vous n'êtes pas citoyens de son royaume. Car, en agissant ainsi, vous commettiez le mal au lieu que la moralité est l'unique mesure de ce qui est agréable à Dieu". Quiconque a entendu ces principes et les a faits siens, je le compare à un homme sage qui a bâti sa maison sur le roc : quand la tempête s'est abattue, quand la crue est venue et quand les vents ont soufflé, ils ont aussi frappé cette maison, mais elle ne s'est point écroulée parce qu'elle était établie sur le roc. Mais celui-là qui entend cet enseignement sans le suivre, je le compare à l'insensé qui a bâti sa maison sur le sable : lorsque la tempête est survenue, elle a frappé aussi cette maison et l'a emportée ; elle s'est écroulée avec fracas parce qu'elle avait une assise fragile ».

Ces paroles firent grande impression sur ses auditeurs car il parlait avec force et fermeté et les sujets étaient de ceux qui constituent l'intérêt suprême de l'humanité.

---

1. Mot à mot : « De la richesse d'un cœur bon jaillit le bien, de l'abondance d'un cœur mauvais le mal » (Lc 6,45).

L'affluence pour écouter Jésus à cette époque ne cessait de croître, cependant aussi l'attention que lui portaient les Pharisiens et les prêtres juifs devenait plus grande[1]. Pour échapper au bourdonnement de cette foule et à ses assiduités, il se retirait souvent dans la solitude. Pendant qu'il séjournait en Galilée, il passa un jour près d'un poste de péage et vit, assis, un fonctionnaire du nom de Matthieu[2] : il l'invita également à se joindre à lui et l'honora ensuite en le fréquentant de la manière la plus confiante. Il prit un repas avec lui ; la société se composait encore de plusieurs fonctionnaires comme lui. Dans la mesure où, chez les Juifs, le mot de publicain et celui de pécheur étaient synonymes, les Pharisiens témoignaient leur étonnement aux amis de Jésus. Lorsque celui-ci l'apprit, il leur dit : « Ce ne sont pas ceux qui se portent bien qui ont besoin de médecin mais seulement les malades. Méditez[3] encore en chemin le sens de ce passage situé quelque part dans vos livres saints : « Ce ne sont pas les sacrifices mais la droiture qui m'est agréable ».

Cependant quelques disciples de Jean-Baptiste s'étonnaient, alors qu'eux et les Pharisiens observaient de nombreux jeûnes, de ne point voir les amis de Jésus le faire. Interrogé là-dessus, Jésus leur répartit : « Vraiment quel motif auraient-ils d'être affligés ? Il viendra bien des jours, comme il en sera aussi pour vous-mêmes, où leur maître leur sera enlevé : il sera alors temps pour eux de jeûner ! En règle générale, pourquoi devrais-je leur demander tant de rigueur dans leur manière de vivre ? Cela ne s'accorderait ni avec ce qu'ils ont

---

1. Mt 9 ; Mc 2,13.

2. *En marge* : « Très vraisemblablement, la même histoire et la même personne dont il est question en *Luc*, V, 27 et en *Marc*, 2, 13, seulement, ici, le nom de l'homme est Levi ».

3. *Überleget bei euch* : « réfléchissez par vous-mêmes ». Mot d'ordre de l'*Aufklärung* !

accoutumé de faire jusqu'à maintenant, ni avec mes principes qui n'attachent aucune valeur à un extérieur rigide et qui me permettent encore moins d'imposer à d'autres l'observation de certaines coutumes ».

Comme s'annonçait à nouveau une fête de Pessah, Jésus se rendit aussi à Jérusalem[1]. Pendant qu'il s'y trouvait, les Juifs furent scandalisés de le voir s'acquitter des devoirs de la charité[2] en visitant un pauvre malade le jour du sabbat. Ils y virent une profanation de ce jour sacré ainsi que la présomption de ne pas tenir pour obligatoire un commandement que Dieu avait donné lui-même, s'arrogeant en quelque sorte un droit n'appartenant qu'à Dieu seul, et mettant son autorité et celle de Dieu sur le même plan. Jésus leur fit alors cette réponse : « Si vous regardez vos statuts ecclésiastiques et les commandements positifs comme la loi la plus élevée qui ait été donnée à l'homme, vous méconnaissez alors la dignité de l'homme et sa capacité de chercher en soi le concept de la divinité et de reconnaître sa volonté. Qui n'honore pas en soi cette capacité n'honore pas la divinité. Ce que l'homme peut appeler son moi, sublime par-delà le tombeau et la décomposition, et qui se décernera lui-même la récompense qu'il aura méritée, est capable de se juger soi-même. Il s'annonce comme une raison[3] dont la législation ne dépend plus de rien d'autre, et dont le jugement ne saurait être assujetti à aucune autorité sur terre ou dans le ciel. Je ne donne pas mon enseignement comme mes idées ou comme mon bien propre ; je n'exige de personne qu'il l'accepte au nom de mon autorité, car ce n'est pas ma gloire que je recherche (je le soumets au

1. Jn 5.
2. *Liebesdienst* : la charité, qui est le « devoir d'amour » que l'on doit témoigner à son prochain.
3. *Vernunft*.

jugement de la raison universelle qui déterminera chacun à y croire ou non). Mais comment pourriez-vous faire valoir votre raison comme suprême mesure du savoir et de la croyance, puisque vous n'avez jamais entendu la voix de la divinité ni son écho dans vos cœurs, n'avez jamais prêté attention à celui qui la fait retentir, que vous vous croyez les seuls dépositaires de la volonté de Dieu et que vous faites objet de votre ambition d'être distingués vous avant tous les autres enfants des hommes, que vous vous recommandez de Moïse et sans cesse de Moïse, établissant votre croyance sur l'autorité étrangère d'un seul homme ! Oui, lisez seulement vos livres saints avec attention, mais vous devez nécessairement[1] y apporter pour cela l'esprit de la vérité et de la vertu : vous y trouverez alors le témoignage de cet esprit en même temps que vous y lirez votre propre condamnation, celle de votre orgueil qui se complaît dans ses vues bornées et ne vous permet pas de lever vos yeux vers quelque chose de plus élevé que votre science sans esprit et vos coutumes machinales ».

Quelques autres événements donnèrent encore l'occasion aux Pharisiens de reprocher au Christ et à ses disciples la profanation du sabbat[2]. Alors qu'il se promenait un tel jour avec ses amis à travers un champ emblavé, ces derniers eurent faim, arrachèrent des épis[3] et en mangèrent les grains (ce qui était permis les autres jours). Des Pharisiens qui les avaient vus remontrèrent au Christ que ses disciples faisaient une chose interdite le jour du sabbat. Mais le Christ leur répondit : « Ne vous souvient-il pas de l'histoire de votre peuple qui raconte comment David, ayant faim, mangea les pains consa-

1. *Müst.*

2. Lc 6, 1-5.

3. *En marge* : « ou ce qu'il y avait par ailleurs comme plante, quelque chose comme le haricot oriental ».

crés du Temple et en distribua aussi à ses compagnons ? Ne vous souvient-il pas que les prêtres ont maintes tâches le jour du sabbat ? Le Temple rend-il ces dernières sacrées ? Je vous le dis : l'homme est plus qu'un temple ; c'est lui, et non pas tel ou tel lieu, qui sanctifie les actions ou les rend profanes. Le sabbat est ordonné à la volonté de l'homme et non pas l'homme à la volonté du sabbat ; l'homme est aussi maître du sabbat. Si vous aviez réfléchi à ce que j'ai dit en une autre occasion à quelques personnes de votre condition, que Dieu demande l'amour et non des sacrifices, vous n'auriez pas blâmé si sévèrement des innocents ». De même, tandis que Jésus se trouvait dans une synagogue à l'occasion d'un autre sabbat, les Pharisiens, voulant trouver une raison pour l'accuser, lui demandèrent, à propos d'un homme qui était présent et dont la main était blessée, s'il était permis de la guérir ce jour-là[1]. Jésus répliqua : « Qui, parmi vous, ne tirerait son mouton d'un fossé s'il y tombait un jour de sabbat ? La valeur d'un être humain n'est-elle pas bien supérieure à celle d'un mouton ? Ainsi donc, il sera bien permis de faire une bonne action le jour du sabbat ! ». Nous avons déjà observé, d'après plusieurs exemples, la mauvaise disposition des Pharisiens à l'égard de Jésus ; de fait, avec le temps, ils se lièrent avec le parti d'Hérode afin de l'écarter, s'il était possible, de leur chemin[2].

Nous le rencontrons maintenant en Galilée encore, où il demeurait en secret à cause de ces poursuites ; il enjoignait aussi aux auditeurs qui étaient auprès de lui de ne pas divulguer l'endroit où il se trouvait.

Parmi la foule de ses auditeurs, Jésus en distingua douze qu'il honora de son enseignement particulier afin de les rendre capables de l'assister dans la propagation de son enseigne-

---

1. Mt 12, 9-12.
2. *Aus dem Wege zu raümen* : se débarrasser de quelqu'un, l'assassiner.

ment[1]. Il ne voyait que trop bien à quel point la vie et la force d'un seul homme étaient insuffisantes pour convertir toute une nation à la moralité, aussi [les choisit-il] afin de disposer tout de même de quelques-uns auxquels il pût insuffler son esprit à l'état pur. Leurs noms se trouvent en *Marc*, 3, c[2].

Jean avait envoyé quelques-uns de ses amis voir Jésus pour l'interroger sur le but de son enseignement[3]; Jésus profita de cette occasion pour reprocher aux Pharisiens la froideur avec laquelle ils avaient accueilli l'appel de Jean à devenir meilleurs. Il leur dit : « Quelle curiosité – car ce n'était assurément pas le désir de devenir meilleurs – vous a donc poussés à sortir jusque dans le désert ? Était-ce pour voir un homme sans caractère comme vous, changeant de maximes en fonction de son intérêt, un roseau agité çà et là par le vent ? Un homme en habit somptueux menant grand train ? Ce n'est pas au désert que vous deviez en rencontrer un, mais seulement dans les palais des rois ! Un devin, un thaumaturge ? Jean était plus que cela ! Chez les gens ordinaires, Jean trouvait un accueil plus facile, mais le cœur des Pharisiens et des docteurs de la loi ne croyant qu'au droit[4], Jean ne pouvait ni l'émouvoir ni le rendre sensible au bien ? À quoi pourrais-je donc comparer des gens de cette espèce ? Sans doute à des gamins qui jouent sur la place du marché et qui crient aux autres : "Nous avons sifflé pour vous et vous n'avez pas dansé ! Nous avons maintenant chanté pour vous des airs tristes, mais vous n'avez pas non plus pleuré !". Jean ne mangeait pas de pain et ne buvait pas de vin. Vous dites : "Il est de fort méchante humeur"[5]. [S'il avait

1. Lc 6, 12-13.
2. Mc 3, 16.
3. Lc 7, 18.
4. *Rechtglaubigen Gesezgelehrten.*
5. Mot à mot : « Une méchante humeur l'importune ».

dit :][1] "Je mange et je bois comme tout le monde"; vous eussiez dit alors : "Voilà bien un glouton et un ivrogne qui a de mauvaises fréquentations". Cependant la sagesse et la vertu trouveront des adorateurs pour justifier leur valeur ».

Malgré ce sermon, un Pharisien du nom de Simon l'invita à déjeuner. Une femme qui, selon toute vraisemblance, devait beaucoup à l'enseignement de Jésus le sut, entra dans la salle avec un vase plein d'huiles précieuses, et s'approcha de Jésus. La vue de [cet homme] vertueux[2] ainsi que le sentiment de sa vie de pécheresse lui firent verser des larmes; elle se jeta à ses pieds et, sentant tout ce que son repentir et son retour dans le chemin de la vertu devaient à Jésus, elle baisa ses pieds en les couvrant de larmes, les essuya de ses cheveux avant de les oindre d'huiles précieuses. La bonté avec laquelle Jésus accueillit ces transports où un cœur plein de repentir et de reconnaissance trouve de l'apaisement, ne lui fit point repousser de tels sentiments; cependant elle offensa la délicatesse des Pharisiens qui montrèrent une mine surprise devant un accueil si aimable réservé à une femme d'aussi mauvaise réputation. Jésus le remarqua et dit à Simon : « J'aurai quelque chose à te raconter ». – « Parle donc », dit Simon. Jésus raconta : « Un créancier avait deux débiteurs : le premier lui devait cinq cents deniers, le second cinquante. Or ils ne pouvaient rembourser leur dette à leur créancier, qui la leur remit. Lequel des deux l'aimera le plus? » – « Eh bien, celui auquel il fit le plus grand cadeau », dit Simon. « Assurément », répartit Jésus, et [lui montrant] de son doigt cette femme : « Vois, continua-t-il, je suis venu dans ta maison et tu ne m'as pas offert d'eau pour laver mes pieds, alors qu'elle les a couverts de ses larmes

1. Phrase quelque peu elliptique, mais dont la suite des idées est tout de même compréhensible.
2. Mot à mot : « La vue du vertueux ».

et séchés avec les boucles de ses cheveux ; tu ne m'as pas
embrassé alors qu'elle n'a pas jugé indigne d'elle d'embrasser
même mes pieds ; tu n'as point versé d'huile sur ma tête, alors
qu'elle a répandu sur mes pieds une huile précieuse. À une
femme capable d'un tel amour et d'une telle reconnaissance,
ses fautes, si nombreuses soient-elles, sont pardonnées. Quant
à la froideur devant des sentiments aussi nobles, elle dénote
l'absence de retour à une vertu sincère »[1]. « C'est un plaisir
divin, dit encore Jésus à la femme, de voir cette victoire de la
foi en toi-même et de te voir encore capable de bien et de
courage. Que ta vie soit bonne ! ».

Jésus poursuivit son chemin à travers les villes et les
villages et prêchait partout[2] ; ses compagnons étaient ses
douze apôtres ainsi que des femmes dont certaines qui étaient
riches entretenaient de leur fortune la [petite] société[3]. Un
jour, en présence d'une grande assemblée, il leur proposa une
parabole (un conte destiné à faire entendre une doctrine de
manière sensible et dont les humains sont les acteurs, ce qui la
distingue de la fable et du mythe : dans la première, les acteurs
sont des animaux, dans le second, les acteurs sont des démons
ou des êtres allégoriques) : « Un semeur sortit pour semer son
grain. Une partie tomba sur le chemin : elle se trouva piétinée
puis mangée par les oiseaux. Une autre tomba sur un sol
pierreux où il n'y avait pas beaucoup de terre : elle ne tarda pas
à éclore mais se flétrit rapidement sous la chaleur car elle
n'avait point de racines profondes. D'autres grains tombèrent
dans des ronces pleines d'épines qui les étouffèrent lorsqu'elles
poussèrent. Une partie tomba aussi dans de la bonne terre, et

1. *Unbefangenheit* : à la fois « objectivité » et « ingénuité ». La traduction
« sincère » semble donc la mieux appropriée ici.

2. Lc 8.

3. *Die Gesellschaft*, la société.

rapporta trente, soixante et même cent fruits par grain». Là-dessus, comme ses disciples lui demandaient pourquoi il présentait au peuple ses doctrines voilées sous des paraboles, il leur fit cette réponse: «Vous possédez le sens des idées sublimes du royaume de Dieu et de la moralité qui donne le droit d'en être citoyen. Mais je sais d'expérience que ce sont là paroles perdues pour les Juifs, bien qu'ils demandent à entendre quelque chose de moi: la profondeur de leurs préjugés ne laisse pas la vérité toute nue pénétrer leur cœur. Celui qui est disposé à accueillir en soi quelque chose de meilleur pourra tirer profit de mon enseignement; mais à celui qui n'est point disposé à s'améliorer, même la [plus] petite connaissance du bien qu'il pourrait avoir ne lui sert de rien. Ils ont des yeux et ne voient pas, ils ont des oreilles et n'entendent pas. C'est pourquoi je leur ai parlé seulement avec une allégorie, que je veux vous expliquer maintenant. Le grain semé est la connaissance de la loi de la moralité. Celui qui a l'occasion d'accéder à cette connaissance mais qui ne la tient pas fermement peut très facilement voir un séducteur lui ôter du cœur le peu de bien qui y était semé: tel est le sens du grain tombé sur la route. Le grain qui est semé sur un sol pierreux, c'est la connaissance accueillie avec joie, certes, mais qui cède rapidement aux circonstances car ses racines ne sont point profondes: lorsque misère et malheur menacent la droiture, elle échoue. Le grain qui est tombé dans les ronces, c'est l'état de ceux qui ont bien également entendu parler de la vertu; cependant elle est étouffée en eux par les soucis de la vie et par la séduction trompeuse de la richesse et reste sans fruit. La graine semée dans la bonne terre est la voix de la vertu qui a été comprise et qui porte des fruits jusqu'à trente, soixante fois et jusqu'au centuple »[1].

---

1. Mt 13,18-23; Mc 4,3-20; Lc 8,4-15.

Il leur proposa encore d'autres paraboles : « Le royaume du bien peut être comparé à un champ que son propriétaire avait ensemencé de bon grain. Mais, pendant que ses gens[1] dormaient, son ennemi vint semer de l'ivraie parmi les blés, puis s'enfuit. Lorsque la graine commença à monter en épi, l'ivraie apparut aussi et les serviteurs demandèrent au maître : "Tu as semé pourtant du bon grain : comment se fait-il qu'il y ait autant d'ivraie dans le champ ?" – "Un de mes ennemis l'aura sans doute semée", répondit le maître. Les serviteurs lui dirent alors : "Ne veux-tu pas que nous l'arrachions ?" – "Non, répondit le maître, avec plus de sagesse, car vous arracheriez avec l'ivraie les épis de blé. Laissez les pousser ensemble jusqu'à la moisson : c'est alors seulement que j'ordonnerai aux moissonneurs de séparer l'ivraie pour l'éliminer, et de conserver le blé pur" »[2].

Lorsque Jésus fut seul avec ses disciples, ils lui demandèrent le sens de cette parabole ; alors il leur répondit ce qui suit : « Le semeur de bon grain représente les hommes bons qui, par leur enseignement et leur exemple, éveillent les hommes à la vertu ; le champ, c'est le monde, le bon grain, ce sont les meilleurs hommes, l'ivraie, les dépravés ; l'ennemi qui sema l'ivraie représente les tentations et les tentateurs, le temps de la moisson, c'est l'éternité qui récompense le bien et le mal. Cependant, la vertu et le vice sont liés si étroitement ensemble que ce dernier ne saurait être déraciné sans causer du tort à la première ».

Jésus compara aussi le royaume du bien à un trésor caché dans un champ : celui qui l'a découvert le cache à nouveau, puis, dans sa joie, vend tout ce qu'il possède et achète ce champ ; [il le compara aussi] à un marchand qui cherche de

---

1. *Die Leute*, les gens, au sens très classique de « serviteurs ».
2. Mt 13,24-30 ; 13,36-43 ; Mc 4,26-29.

belles perles, en trouve une très précieuse et vend tout [ce qu'il a] pour en être le possesseur; à un pêcheur qui a pris dans son filet toutes sortes de poissons, les trie sur le rivage en mettant les bons dans ses récipients et en rejetant les mauvais. C'est ainsi qu'à l'époque de la grande moisson, les bons et les méchants se distingueront les uns des autres, les premiers par la récompense qu'ils trouvent dans la paix que donne la vertu, les autres par le repentir, l'accusation de soi-même et la honte [1].

D'une autre manière, il compara le royaume du bien à un grain de sénevé qui est si petit, pousse, et devient un [si] grand arbuste que les oiseaux peuvent y faire leur nid; à un peu de levain qui, mêlé à de la pâte pétrie sous trois boisseaux de farine, suffit à la faire lever tout entière [2]. Il en est du royaume du bien comme du grain qui, mis en terre, n'a plus besoin de soins; il germe et pousse sans qu'on le remarque car la terre a par nature une force motrice, grâce à laquelle le grain pousse, monte en tige et porte de lourds épis [3].

Entre-temps, des parents de Jésus qui étaient venus le visiter ne purent l'approcher en raison de la multitude qui l'entourait. Comme on le disait à Jésus, il répondit : « Mes frères, mes parents sont ceux qui écoutent la voix de la divinité et la mettent en pratique » [4].

À la nouvelle de l'assassinat de Jean [5], il rejoignit en barque la rive orientale du lac de Tibériade, mais ne demeura que peu de temps auprès des Géraséniens [6], puis il retourna de nouveau en Galilée.

1. Mt 13,44-48.
2. Mt 13,33.
3. Mc 4, 26 ss; Mt 13,31-32.
4. Mt 12, 46-50; Mc 3,31-50; Lc 8,19-21.
5. Jean-Baptiste.
6. Mt 8,28; Mc 4,36; Lc 8,23.

À cette époque Jésus envoya ses douze apôtres pour combattre, comme lui, les préjugés des Juifs qui, tirant fierté de leur nom et de leur origine, y voyaient un grand privilège qu'ils plaçaient au-dessus de la seule valeur qui donne la moralité à l'homme. « Vous n'avez nul besoin de grands préparatifs pour votre voyage, ni de vous annoncer en grande pompe, dit Jésus. Là où on vous prête attention, séjournez quelque temps ; là où on vous accueille avec malveillance, ne vous imposez pas, quittez aussitôt l'endroit et poursuivez votre chemin »[1].

Il semble qu'ils ne s'absentèrent que peu de temps et revinrent rapidement auprès de Jésus.

Un jour, [Jésus] se trouva en compagnie de Pharisiens et de docteurs de la Loi qui venaient de Jérusalem[2] ; ces derniers remarquèrent que les disciples se mettaient à table avec des mains impures, c'est-à-dire sans les avoir lavées, alors que les Juifs, selon une prescription traditionnelle, ne mangeaient rien avant de s'être lavés très soigneusement. C'est ainsi qu'ils devaient avant chaque repas, à la réserve de ce qui était déjà purifié, asperger d'eau tous les récipients ainsi que les coupes, et les sièges et les bancs. Les Pharisiens demandèrent à Jésus : « Pourquoi donc tes disciples ne vivent-ils pas selon les prescriptions de nos pères et se mettent-ils à table sans s'être purifié les mains ? ». Jésus répondit : « Il est un passage de vos livres saints, qui peut fort bien s'appliquer à vous, et qui dit : "Ce peuple me sert des lèvres, mais son cœur est loin de moi ; leur adoration est sans âme car elle est l'observation de règles arbitraires"[3]. Vous ne respectez pas le commandement divin mais vous suivez pleinement les coutumes des hommes, par exemple la bénédiction par l'eau des coupes et des sièges : à

---

1. Mt 10,1 ; Mc 6,7 ; Lc 9,1-6.
2. Mc 7.
3. Is 29,13 (*cit. in* Mc 7,6).

cela seulement vous êtes exacts. Ainsi, un commandement
divin que vous annulez pour rester fidèles à vos traditions est
celui d'honorer son père et sa mère : "Quiconque profère des
paroles sans amour contre son père et sa mère doit mourir".
Mais vous avez dressé [en face] une autre loi : "Si quelqu'un
irrité contre son père et sa mère dit : "Que les services que je
pourrais vous rendre et le bien que je pourrais vous faire
encore soient voués [1] au Temple"[2], vous le considérez alors lié
par le serment de ne plus leur faire de bien et imputez à péché le
moindre service qu'il rendrait encore à son père ou à sa mère !
Ainsi, par vos lois, vous annulez cette loi divine[3]. Et vous avez
encore plusieurs statuts de même ordre ». Jésus dit ensuite à la
foule qui l'entourait : « Écoutez-moi et comprenez ce que je
vous dis : rien[4] de ce que l'homme met en soi qui provient du
dehors ne saurait le souiller, mais ce qui sort de sa bouche, dont
il est l'auteur, montre si son âme est pure ou impure ». Ses
disciples voulurent lui représenter que les Pharisiens étaient
scandalisés devant ces discours. « Laissez-les se scandaliser,
dit Jésus : de telles plantations qui proviennent de l'homme
doivent être déracinées. Ce sont des aveugles qui montrent le
chemin à des aveugles, et je voudrais arracher le peuple à de
tels guides aveugles, sinon il tombera dans le fossé avec ceux
en qui il met sa confiance ». Quand le peuple se fut dispersé, et
que Jésus fut de retour à la maison, ses amis lui demandèrent
de les éclairer sur ce qu'il avait dit au peuple concernant les
choses pures et impures. « Comment, répliqua Jésus, vous non
plus vous n'êtes pas encore suffisamment avancés pour le

1. *Geweiht*, bénis, ici : voués.
2. Mt 15,6 ; Mc 7,11-13 : Les biens ainsi voués à Dieu (*korbân*) revêtaient
un caractère sacré interdisant désormais aux parents d'y prétendre.
3. Mc 7,6.
4. *Au-dessus* : « Aucune chose corporelle ».

saisir? Ne comprenez-vous donc pas que ce qui passe par la bouche de l'homme est assimilé par l'estomac et les intestins puis expulsé par les voies naturelles, mais que ce qui sort de la bouche, les mots et les actions en général, vient du cœur[1] de l'homme et peut être pur ou impur, sacré ou profane? C'est bien de l'âme[2] que proviennent les mauvaises pensées, les meurtres, les adultères, les vols, les faux témoignages, les injures, l'envie, l'orgueil, la débauche, l'avarice. Ce sont ces vices qui profanent l'homme et non pas le fait qu'il ne bénisse pas ses mains avec de l'eau avant de se mettre à table ».

Au moment où les Juifs célébraient la fête des Tabernacles, les parents de Jésus le poussèrent à partir avec eux pour Jérusalem afin de se faire entendre et connaître en un lieu plus considérable que les villes et les villages de la Galilée[3]. Mais il leur répondit qu'il ne jugeait pas le moment opportun; cependant ils pouvaient s'y rendre eux-mêmes, n'étant pas comme lui en butte à la haine des hommes pour avoir témoigné aux Juifs de la corruption de leurs mœurs et de leurs mauvaises actions. Mais quelques jours seulement après que ses parents furent partis de Galilée, Jésus se rendit aussi à Jérusalem, mais sans bruit. Là-bas, on s'interrogeait à son sujet car il y était attendu en tant que juif. Le peuple, en particulier les Galiléens, avait un jugement partagé à son sujet : les uns le tenaient pour un homme honnête, les autres voyaient en lui un agitateur[4]. Cependant, par crainte des Juifs, les Galiléens n'osaient pas parler de lui en public. Ce fut seulement au milieu des jours de fête que Jésus se rendit au Temple pour y ensei-

1. *Gemüth.*
2. *Seele.*
3. Jn 7.
4. *Verführer*: « séducteur » et, par extension de sens : « démagogue », « agitateur ».

gner. Les Juifs s'en étonnèrent car ils savaient qu'il n'avait point étudié. Jésus leur répondit : « Mon enseignement n'est pas une invention humaine exigeant un laborieux apprentissage sous autrui. Celui qui s'est proposé de suivre sans préjugé la loi non falsifiée de la moralité pourra immédiatement vérifier si mon enseignement est de mon invention. Celui qui recherche sa propre gloire donne sans doute une grande valeur aux spéculations et aux commandements des hommes, mais celui qui recherche véritablement la gloire de Dieu est assez honnête pour rejeter ces inventions que les hommes ont ajoutées à la loi morale ou qu'ils lui ont même substituées. Ainsi, je sais que vous me haïssez et que vous voulez même attenter à ma vie parce que j'ai déclaré qu'il était permis de soigner un malade le jour du sabbat. Cependant Moïse vous a permis de circoncire le jour du sabbat, et à plus forte raison de guérir ! ». Quelques habitants de Jérusalem qui l'écoutaient montrèrent par leurs paroles qu'ils étaient au courant de la résolution prise par le Grand Conseil de se défaire de Jésus, [aussi] s'étonnaient-ils de l'entendre parler si ouvertement et librement sans que personne cherchât à l'arrêter, alors qu'on avait cela à l'esprit. Le Messie que les Juifs attendaient pour restaurer l'éclat de leur culte divin et l'indépendance de leur royaume, ne pouvait assurément être Jésus puisqu'ils savaient d'où il venait : or le Messie devait, selon les prophéties, se manifester de façon soudaine. C'est ainsi que Jésus se trouvait toujours en butte aux préjugés des Juifs, car ces derniers recherchaient moins un maître pour améliorer leurs mœurs et les détourner de leurs préjugés éloignés de la moralité, qu'un Messie pour les délivrer de la domination des Romains, ce qu'ils ne trouvaient pas en Jésus. Les serviteurs des membres du Grand Conseil leur apportèrent bientôt la nouvelle que Jésus se trouvait dans le Temple ; ils se virent reprocher de ne l'avoir pas jeté sur-le-champ en prison. Ils répondirent pour s'excuser qu'ils n'avaient jamais entendu personne parler de la sorte et qu'ils n'avaient pas osé l'arrêter. Les Pharisiens leur dirent alors : « Quoi ! Vous vous êtes, à ce qu'il semble, laissés séduire vous aussi ! Voyez-vous donc un membre du Conseil ou un Pharisien faire cas de lui ? Il n'y a que la populace ignorante de nos lois pour se laisser abuser par lui ». Et, quand Nicodème, qui avait une fois rendu à Jésus une visite de nuit, leur remontra que nul ne pouvait, selon la loi, être condamné sans avoir été entendu au préalable et sans que ses actions aient donné lieu à une enquête, les autres [membres du Conseil] lui reprochèrent d'être sans doute, lui aussi, un adepte du Galiléen : or, de Galilée, il ne pouvait venir aucun prophète. Sans avoir pris, semble-t-il, de décision formelle à propos de Jésus, le Conseil se sépara de nouveau.

Jésus passa la nuit sur le Mont des Oliviers, peut-être à Béthanie située au pied de cette montagne et où il avait des connaissances, mais il retourna toutefois en ville et au Temple. Pendant qu'il y enseignait, des docteurs de la Loi et des Pharisiens lui amenèrent une femme que l'on avait surprise à commettre l'adultère et la placèrent au milieu [de l'assistance] comme pour la juger ; ils soumirent son cas à Jésus et lui demandèrent son opinion, alors que la loi de Moïse ordonnait de lapider une telle coupable. Jésus comprit bien que leur intention était de lui tendre un piège ; il fit comme s'il n'avait rien entendu, se baissa et traça avec le doigt des figures dans le sable. Alors qu'ils insistaient pour connaître son opinion, il se leva et leur dit : « Que celui d'entre vous qui se connaît sans faute lui jette la première pierre ». Puis il traça de nouveau des figures dans le sable comme auparavant. Devant cette réponse de Jésus, les érudits s'éloignèrent les uns après les autres et Jésus resta seul avec cette femme. Jésus se releva alors et ne vit personne d'autre que la femme. Il lui demanda : « Où sont tes accusateurs ? Personne ne t'a condamnée ? – Personne », répondit-elle. « Moi non plus, dit Jésus, je ne te condamne pas. Va, et à l'avenir, ne commets plus de faute »[1].

Une autre fois, alors que Jésus faisait un discours public au Temple, les Pharisiens lui demandèrent quel témoignage pour lui-même et pour les autres il pourrait produire pour preuve de la vérité de son enseignement[2]. Ils jouissent [en effet] de la chance d'avoir une constitution et des lois rendues légitimes par des révélations solennelles de la divinité. Jésus leur répondit : « Croyez-vous donc que la divinité ait jeté l'espèce humaine dans le monde et l'ait livrée à la nature sans aucune loi, sans aucune conscience de la fin de son existence, ni aucune possibilité de trouver en soi-même un moyen de plaire à la divinité[3]? Croyez-vous donc que ce soit par chance que la connaissance des lois morales vous ait été accordée à vous seuls entre les nations de la terre, en ce recoin du monde, sans que l'on sache pourquoi? C'est l'étroitesse égoïste de votre esprit qui vous fait imaginer cela. Je m'en tiens seulement à la voix authentique de mon cœur et de ma conscience. Celui qui l'écoute attentivement est illuminé par sa vérité. Ce que j'exige seulement de mes disciples est d'écouter cette voix. Cette loi intérieure est une loi de liberté à laquelle l'homme se soumet volontairement car il se la donne à lui-même[4]. Vous, vous êtes esclaves, car vous êtes soumis à une loi extérieure à vous-mêmes, et qui n'a pas, pour cette raison, le pouvoir de

1. Jn 8,3-11.
2. Jn 8,12-19.
3. *En marge* : « Goethe : "chacun les entend, chez qui coule en son sein la source pure de la vie" ».
4. *En marge* : « elle est éternelle, en elle repose le sentiment de l'immortalité. Pour le devoir de rendre l'homme familier avec elle, je suis prêt, comme un fidèle [pasteur] pour son troupeau, à laisser la vie. Vous pouvez me la prendre, mais ne me la dérobez pas, je la sacrifie moi-même librement ».

vous arracher, par respect pour vous-mêmes, au service des inclinations ».

L'accueil que Jésus avait reçu à Jérusalem et les dispositions des Juifs à son égard, en particulier celle des prêtres, qui avaient pris la décision de bannir et d'exclure du culte divin et de l'enseignement public ceux qui reconnaîtraient en lui le Messie attendu par les Juifs, alors que Jésus n'avait jamais publiquement prétendu l'être, lui firent pressentir à cette attitude hostile les violences[1] qu'il devrait encore subir, et il fit part de ces pensées à ses disciples. « Nous voulons espérer que Dieu nous en gardera », dit Pierre. Jésus lui répondit : « Comment es-tu assez faible pour ne t'y être pas préparé, ou pour croire que je ne m'y suis pas préparé moi-même ? Dans la mesure où tu penses encore avec tes sens, tu ne connais pas encore la force divine qui inspire pour le devoir le respect et qui donne, par amour pour lui, la victoire sur les exigences des inclinations et même sur l'amour de la vie ! ». Se tournant ensuite vers ses autres disciples, [il ajouta] : « Qui veut suivre la vertu doit savoir s'infliger des désaveux ; qui veut lui rester fidèle de manière inébranlable doit être prêt à lui sacrifier jusqu'à sa vie. Qui aime sa vie avilira son âme ; qui la méprise reste fidèle au meilleur de soi-même[2], le sauvant des contraintes de la nature. Quelle valeur resterait encore à l'homme qui se serait abaissé lui-même au point de faire du monde entier son butin ? À quel prix pourrait être compensée la perte de la vertu ? Un jour, l'opprimé brillera dans la splendeur, et la raison, instaurée dans ses droits, déterminera elle-même, pour chacun, la récompense de ses actions ».

---

1. *Au-dessus de la ligne* : « peut-être la mort ».
2. *Seinem besserm Ich*. Mot à mot : son meilleur Moi. Il s'agit bien sûr du moi rationnel, de la raison pure pratique « qui ne saurait être bornée » et qui est le divin en l'homme.

Après un séjour à Jérusalem plus long que de coutume (car il y resta depuis la fête des Tabernacles jusqu'à la consécration du Temple, en décembre), Jésus retourna dans la région où il vécut ordinairement, en Galilée, pour la dernière fois. À l'époque de son séjour en ce lieu, il semble qu'il n'ait plus enseigné devant un grand concours de peuple, mais qu'il se soit consacré essentiellement à la formation de ses disciples.

À Capharnaüm, on lui réclama la redevance annuelle pour les besoins du Temple [1]. Dans le temps qu'ils entraient, Jésus dit à Pierre : « Que penses-tu de cela ? Les rois de la terre exigent-ils des impôts de leurs fils ou bien des autres ? – Des autres », dit Pierre. Jésus lui répartit : « Ainsi les fils n'y seraient donc pas assujettis ? Et nous qui adorons, dans le véritable esprit de ce mot, Dieu, nous ne devrions contribuer en aucune façon à l'entretien d'un temple qui ne nous est pas nécessaire pour le servir : c'est par une bonne conduite de vie que nous cherchons à le faire. Mais pour [que ces gens-là] ne s'en offusquent pas, et que nous ne montrions aucun mépris envers ce qu'ils tiennent à ce point pour sacré, paie pour nous ».

Une dispute éclata parmi les disciples de Jésus, sur le rang que chacun méritait, en particulier dans le royaume de Dieu, le jour où il se manifesterait, car ils y associaient encore des idées très sensibles, n'étant pas encore pleinement libérés de la conception juive d'un royaume terrestre ; ils ne concevaient pas encore de façon pure l'idée du royaume de Dieu comme le royaume du Bien où règnent seules la raison et la loi [2]. Jésus écouta fort chagriné cette dispute, puis il appela un enfant et leur dit : « Si vous ne changez pas et ne revenez pas à l'innocence, à la naïveté et à la simplicité de cet enfant, vous n'êtes pas vraiment citoyens du royaume de Dieu. Celui qui se sent

1. Mt 17,24-27.
2. Lc 9,46-48.

opposé aux autres, ou même à un tel enfant, et qui croit pouvoir
se permettre contre eux quoi que ce soit, ou qui se croit autorisé
à en user avec eux avec indifférence, celui-là est un être
indigne. Quant à celui qui blesse la dignité de l'innocence et
attente à sa pureté, mieux vaudrait pour lui qu'on lui attachât
au cou une meule [de moulin] et qu'on le précipitât à la mer.
Dans le monde assurément, on ne manquera jamais d'offenser
une âme pure, cependant malheur à celui qui l'offense. Gardez-
vous bien de mépriser personne et moins encore la simplicité
du cœur : c'est la fleur la plus délicate et la plus noble de
l'humanité, l'image la plus pure de la divinité, la seule qui
donne un rang, et même le rang le plus élevé ; cette simplicité
mérite qu'on lui sacrifie tout ce qui constitue vos inclinations
les plus chères, chaque élan de vanité, d'ambition ou de honte
mal placée, et toute considération de profit ou d'avantage. Si
vous recherchez [cette simplicité], si vous savez apprécier la
dignité à laquelle chacun est destiné et dont chacun est capable ;
si vous considérez enfin qu'une même écorce ne saurait
pousser sur tous les arbres[1] mais que [chaque homme] n'est
pas votre adversaire mais votre semblable pour tout ce qui est
nécessaire à son humanité, même s'il suit d'autres coutumes
ou d'autres habitudes, ce qui est, du reste, sans importance ;
alors vous ne serez tenté ni par la vanité, ni par la prétention de
vous élever au-dessus des autres. Au contraire, ce que vous
croyez véritablement perdu, loin de le mépriser, donnez-vous
la peine de l'améliorer et conduisez [ainsi] l'homme sur le
chemin de la vertu. N'êtes-vous pas d'avis que le berger possé-

---

1. Citation presque littérale d'un passage de Lessing, *Nathan der Weise*,
IV, 4 : *Ich habe nie verlangt/Dass allen Baümen Eine Rinde wachse* : « Je n'ai
jamais demandé/Que chaque arbre porte une seule écorce ». La majuscule à
Eine marque l'insistance ; elle est omise dans la citation « en substance » de
Hegel qui, bien sûr, la sous-entend.

dant cent brebis dont une s'est perdue parcourra la montagne à la recherche de cette dernière? Et si par chance il la retrouve, n'éprouvera-t-il pas une joie plus grande à la revoir que pour les quatre-vingt-dix-neuf autres qui ne s'étaient pas égarées? ».

« Cependant, si un homme agit mal envers toi, cherche alors à régler ce différend entre lui et toi, amène-le à s'expliquer et entends-toi [seul à seul] avec lui. S'il t'écoute, c'est alors de ta faute si tu n'arrives pas à t'entendre avec lui; s'il ne t'écoute pas, prends encore un ou deux [autres] avec toi pour lever le malentendu. Si cela ne réussit pas non plus, soumets votre différend au jugement de plusieurs arbitres. Si alors il ne vous tend pas la main en signe de réconciliation et que tu as tout fait de ton côté, fuis-le et n'aie plus rien à faire avec lui. Les offenses et l'injustice que les hommes se sont pardonnées les uns aux autres, et qu'ils ont réparées et remplacées, sont aussi pardonnées dans le ciel. Lorsque vous êtes ainsi ensemble dans un esprit d'amour et de conciliation, alors l'esprit avec lequel je souhaitais vous vivifier se trouve parmi vous ».

Là-dessus, Pierre demanda à Jésus : « Combien de fois dois-je pardonner à un homme qui m'a offensé ou causé du tort? Est-ce jusqu'à sept fois? »[1]. Jésus répondit : « Crois-tu que cela fasse beaucoup? Je te le dis, c'est jusqu'à septante-sept fois. Écoutez cette histoire : un prince voulut régler ses comptes avec ses gens. Il trouva que l'un d'eux lui devait dix mille talents et, comme celui-ci n'avait pas cette somme, il lui ordonna de vendre tout ce qu'il possédait, jusqu'à sa femme et ses enfants comme esclaves, afin de le payer. Le serviteur se jeta à ses pieds, implorant sa patience et demandant un délai pour tout payer. Le maître fut pris de compassion devant sa situation et lui remit toute sa dette. Comme ce serviteur sortait

1. Mt 18,21-35.

de chez son maître, il rencontra un de ses compagnons qui lui devait cent deniers (somme qui, comparée à celle mentionnée plus haut, équivalait à un par rapport à plus d'un million). Il l'insulta en exigeant impérieusement la somme due, sans l'écouter le supplier à genoux de prendre patience, le faisant au contraire jeter en prison jusqu'à ce que tout fût payé. Les autres serviteurs, qui avaient vu cela, furent extrêmement choqués de la manière dont il le traitait, et rapportèrent [ce fait] au prince. Ce dernier fit appeler l'homme dur et lui dit : « Homme sans cœur, à ta demande, je t'avais remis ta lourde dette. Ne devais-tu pas prendre l'autre en pitié comme j'avais eu compassion pour toi ? Qu'on l'emmène ! » Et le Prince ordonna qu'on le tînt en prison jusqu'à ce qu'il se fût acquitté de tout. Grâce à cette image, vous voyez que la conciliation est le signe d'une disposition d'esprit[1] purifiée qui est, en regard de l'action souvent déficiente, la seule à être reconnue comme parfaite par la sainte divinité ; elle est la seule condition, condition de devenir d'autres hommes grâce au changement de disposition, qui vous permette d'espérer être affranchis par la justice éternelle du châtiment que vous méritiez par votre conduite antérieure ».

Jésus décida alors de retourner de nouveau à Jérusalem en faisant route par la Samarie[2]. Il dépêcha quelques membres de sa société afin de trouver un endroit pour vaquer au nécessaire. Mais comme les Samaritains virent qu'ils s'étaient décidés à se rendre à Jérusalem pour la fête de Pessah, ils ne voulurent pas leur accorder l'hospitalité, et leur refusèrent même le passage. Quelques compagnons de Jésus eurent l'idée de prier le Ciel pour que cet endroit fût détruit par la foudre. Jésus se tourna vers eux, fort contrarié [en leur disant] : « Est-ce là l'esprit qui vous anime, l'esprit de vengeance, l'esprit qui utili-

1. *Gesinnung.*
2. Lc 9,51.

serait les forces de la nature, si elles étaient à sa disposition, pour venger par la destruction une rencontre malchanceuse? Que votre but soit de bâtir en vue du royaume du Bien, non de détruire! » Et ils rebroussèrent chemin [1].

Alors qu'ils étaient en chemin, un docteur de la Loi s'offrit à devenir un compagnon permanent de Jésus. Jésus lui dit: «Réfléchis bien toutefois au fait que les renards ont des terriers, les oiseaux des nids, tandis que moi je ne puis dire qu'aucun lieu où je pourrais reposer ma tête ne m'appartient» [2].

Jésus prit alors pour aller à Jérusalem un autre chemin qui était un peu plus long; il envoyait toujours deux de ses compagnons au-devant de lui pour prévenir de leur arrivée, car sa suite était très nombreuse. Il leur donna des consignes pour se conduire en route, comme celle de ne pas forcer l'amabilité de qui ne voulait pas les accueillir mais de passer leur chemin, et de rechercher principalement à encourager les hommes au bien, tant il y avait encore à faire en ce domaine et si peu d'ouvriers [3].

Ses disciples lui apportèrent la nouvelle qu'ils avaient été bien reçus ici et là. Alors Jésus s'exprima en ces termes : « Sois loué et glorifié, Père du ciel et de la terre, que le fait de reconnaître ce qui est le devoir de chacun ne soit pas le privilège [4] de l'érudition et de la connaissance, et que chaque cœur non corrompu puisse sentir lui-même la différence entre le bien et le mal [5]. Ah, si seulement les hommes avaient pu en rester là et n'avaient pas inventé, en plus des devoirs imposés par la raison, un nombre de charges qui torturent la malheu-

1. Lc 9,51-56.
2. Lc 9,57-58.
3. Lc 10,1-16.
4. *Ein Eigenthum*, littéralement : une propriété.
5. Lc 10,21.

reuse humanité et deviennent une source d'orgueil dont on ne saurait tirer nul apaisement, sinon au prix de la vertu ! ».

Au cours de ce voyage, Jésus rencontra un docteur de la Loi qui, ayant entrepris de converser avec lui pour apprendre à connaître et mettre à l'épreuve ses principes fondamentaux, [lui dit] : « Maître, que me faut-il[1] faire pour être digne de la béatitude ? »[2] Jésus lui demanda en retour : « Que te prescrit la loi ? » Il répondit : « Tu dois[3] aimer la divinité de toute ton âme comme l'image originelle[4] de la sainteté, ainsi que ton prochain comme toi-même ». Jésus lui dit alors : « Tu as bien répondu : fais cela, et tu es digne de la suprême béatitude ». Mais le docteur de la Loi voulut montrer que cette réponse simple ne satisfaisait pas encore son esprit plus profond. « N'est-il pas nécessaire d'être plus explicite pour comprendre précisément quel est le prochain qu'il nous est prescrit d'aimer ? ». [Jésus lui dit alors :] « Je vais te dire une histoire afin de t'éclairer. Un homme allait de Jérusalem à Jéricho[5] ; il tomba sur des brigands qui le dépouillèrent, lui firent diverses blessures et le laissèrent à demi mort. Or, après ce forfait, vint par hasard un prêtre qui avait emprunté la même route ; il vit le blessé mais continua son chemin ; un Lévite, qui avait emprunté ce chemin, continua de même, sans pitié. Cependant un Samaritain qui passait eut pitié de lui sitôt qu'il le vit ; il s'approcha de lui, pansa ses plaies, après y avoir versé de l'huile et du vin. Il le prit sur son mulet et le conduisit à une auberge où il le laissa pour le faire soigner ; comme il devait repartir le lendemain, il laissa à l'aubergiste de l'argent afin

---

1. *Muß.*
2. *Glückseeligkeit.*
3. *Sollst.*
4. *Urbild.*
5. *En marge* : « Un chemin qui traversait le désert et n'était pas sûr ».

de subvenir aux besoins éventuels du malade; quand le coût dépasserait cette somme, il ne devait pas pour autant économiser, car le reste lui serait réglé à son retour. Lequel de ces trois hommes s'est-il alors comporté comme prochain à l'égard du malheureux? Lequel l'a-t-il considéré comme son prochain?». Le docteur de la Loi répondit: «Celui qui a manifesté sa pitié en prenant soin de lui». Jésus lui dit alors: «Considère à ton tour comme ton prochain celui qui a besoin de ta pitié et de ton aide, quelle que soit sa nation, sa croyance, ou sa couleur»[1].

Les Pharisiens, imperméables à l'enseignement de Jésus qui leur avait montré combien leur légalisme était insuffisant au regard de la morale, lui demandèrent à maintes reprises, pour garantie de son discours qui niait la valeur de leur législation, quelque phénomène atmosphérique extraordinaire comme celui par lequel leur Jéhovah avait sanctionné la révélation solennelle. Jésus leur répondit: «Le soir, vous dites qu'il fera beau le lendemain car, au crépuscule, le ciel est d'un beau rouge; mais lorsque l'aurore est d'un rouge sombre, vous annoncez[2] la pluie. Ainsi vous vous y connaissez dans les apparences du ciel pour prédire le temps qu'il fera; mais pour ce qui est des signes du temps présent, ne savez-vous pas les interpréter? Ne remarquez-vous pas que se sont éveillés en l'homme des besoins plus élevés en même temps que la raison, qui protestera contre vos enseignements et vos statuts arbitraires, contre la manière dont vous abaissez la vertu en la mettant au-dessous d'eux alors qu'elle est la fin dernière de l'homme; contre la contrainte par laquelle vous voulez maintenir au sein de votre peuple la considération envers votre croyance et vos commandements! Aucun autre signe ne vous

1. Lc 10,25-37.
2. *Prophezeiht.*

sera donné sinon des maîtres, dont vous pourriez vous aussi apprendre ce qui est le plus utile à vous ainsi qu'à l'humanité ».

À cette occasion, Jésus fut invité à déjeuner par un Pharisien; comme ce dernier s'étonnait de ne point le voir se laver les mains avant de se mettre à table, Jésus lui dit : « Vous lavez bien l'extérieur de la coupe et de la table[1], mais l'intérieur en est-il pur pour autant? Celui dont l'extérieur est bien en ordre est-il aussi en harmonie avec son intérieur? Là où l'âme est bénie, l'extérieur aussi est déjà béni. Vous donnez bien le dixième de la marjolaine, de la rue et de chaque herbe insignifiante qui pousse dans vos jardins. Dans ce souci anxieux que vous témoignez pour des vétilles et qui passe pour être la perfection à vos yeux, n'oubliez-vous pas qu'il y a des devoirs encore plus hauts, dont l'observation constitue l'essence de la vertu[2], mais à côté desquels il faut pourtant faire aussi le reste? Vos concepts concernant ce qui a de la valeur ne sont-ils pas seulement réglés sur l'extériorité? C'est ainsi que vous accordez une importance extrême à être placés à un rang élevé dans les salles d'études, à la présidence lors des banquets, ou encore à être salués dans la rue par tout le monde. Vous encombrez le peuple d'une foule de commandements gênants alors que vous vous arrêtez vous-mêmes à leur extérieur! Vous avez la prétention de détenir la clef du temple de la vérité, mais vous vous fermez à vous-mêmes l'entrée de ce sanctuaire ainsi qu'aux autres par des commandements inutiles ». De tels reproches sur leurs usages sacrés, que Jésus adressait souvent avec des expressions plus rudes encore aux Pharisiens et aux docteurs de la Loi qui détenaient la législation du pays, contribuèrent à les irriter de plus en plus et à faire mûrir en eux la décision de déposer une accusation contre lui.

1. *En marge* : « voir plus haut ».
2. *En marge, dans le désordre* : « la justice, la pitié et la fidélité ».

Devant une foule nombreuse, il parla d'une manière encore plus insistante du danger de se laisser contaminer par l'esprit des Pharisiens[1]. « Prenez garde, dit-il, au levain des Pharisiens, imperceptible en soi et qui ne change pas l'extérieur de l'ensemble, mais qui lui donne cependant un goût complètement différent, je veux parler de l'hypocrisie ! Cette mascarade ne trompera pas l'œil de Celui qui voit tout. Devant lui, les dispositions du cœur sont révélées au grand jour, malgré les tentatives pour les dissimuler. Lui seul, l'omniscient, n'a nul besoin de juger les hommes d'après leurs actes ou les apparences extérieures de leur caractère, souvent trompeuses pour l'homme ; mais il les juge selon la bonté intérieure du vouloir. Je vous le dis mes amis, ne craignez donc pas les hommes qui ne peuvent tuer que le corps et dont le pouvoir ne s'étend pas au-delà, mais craignez d'abaisser la dignité de votre esprit et d'être ainsi déclarés, devant la raison et la divinité, dignes de perdre la béatitude[2]. Mais ne pas oser exprimer, par crainte des hommes, avec des actes, ni confesser par des paroles les fondements de la vérité et de la vertu, c'est faire preuve d'une hypocrisie méprisable. Mal parler de moi ou d'un autre maître enseignant la vertu est encore pardonnable. Mais qui blasphème[3] contre l'esprit saint de la vertu elle-même est un réprouvé[4]. N'éprouvez aucune crainte puérile d'être embarrassés si, devant des tribunaux ou dans des salles d'étude, vous aviez à vous justifier de votre libre confession du bien : animés par l'esprit de la vertu, vous ne manquerez ni de courage ni de mots pour la défendre ».

---

1. Lc 12,1-2.

2. *Glückseligkeit.*

3. *Lästert* : « blasphème » ou « médit ». Double connotation, théologique et profane.

4. *Verworfener* : « réprouvé » ou « abject ». Même remarque que pour la note précédente.

De la foule qui était présente, quelqu'un s'avança vers Jésus et, dans l'espoir que le renom de Jésus pourrait réussir plus que lui-même, il le pria de persuader son frère de partager avec lui son héritage. Mais Jésus lui répondit : « Qui m'a institué comme juge ou arbitre entre vous ? ». Puis il se tourna vers les autres [et leur dit] : « Ne cédez pas à la cupidité. En devenant riche, et de plus en plus riche, l'homme n'accomplit pas ce à quoi il est destiné[1]. Je veux vous rendre cela plus clair avec un exemple : un homme riche avait des biens dont il fit des récoltes en si grand nombre qu'il s'en trouva embarrassé[2]. Il dut faire agrandir ses greniers pour les engranger, puis il se dit en soi-même : « Dès que tu auras mis bon ordre à tout cela, tu conserveras [ton bien] avec le plus grand soin : tu auras ainsi de quoi vivre dans la richesse pour de nombreuses années ; aussi, repose-toi, mange, bois, et prends du plaisir ». Mais il entendit à ce moment la voix de la mort : « Insensé ! cette nuit [même] on te demandera ton âme ! Pour qui donc as-tu amassé ? ». C'est ainsi que celui qui accumule des trésors et ne pense pas à une richesse, une destinée dont la fin est éternelle, s'est investi dans un vain travail orienté vers une fin basse. Que le souci de la richesse n'emplisse pas votre âme, que votre esprit soit consacré au seul devoir et votre travail au royaume du bien ! C'est ainsi que vous vous tenez armés pour la vie et pour la mort : sinon, l'amour de la vie armera dans l'épouvante la mort contre vous, et la peur de la mort vous dérobera votre vie. Ne remettez pas [ce soin] à plus tard et ne pensez donc pas que rien ne presse de se consacrer à des fins plus élevées qu'amasser des trésors et se livrer au plaisir. Tout moment que vous avez soustrait au service du bien est perdu pour votre destinée. Ou bien, la mort vous surprend et vous ressemblez à

---

1. *Bestimmung.*
2. Lc 12,16-21.

cet intendant auquel son maître a confié sa maison pendant son absence. Ce régisseur se dit en soi-même : « Mon maître est encore absent pour longtemps ». Et il commence à maltraiter les serviteurs, à se livrer à la débauche et à s'enivrer. Cependant, au moment où il s'y attendra le moins, le maître le surprendra et le rétribuera selon son mérite. Et, de même que le serviteur qui connaît la volonté de son maître et ne s'y soumet pas sera puni plus sévèrement que celui qui, sans connaître la volonté de son maître, se conduit tout aussi mal ; de même, il sera beaucoup demandé à un homme à qui il a été beaucoup confié, et qui avait le talent et l'occasion de faire beaucoup de bien. Croyez-vous donc que je vous aie conviés à jouir paisiblement de la vie, qu'un avenir sans souci et heureux soit aussi le destin [1] que j'attends et que je réclame pour moi ? Non, la persécution sera mon lot ainsi que le vôtre ! Dissensions et disputes seront la conséquence de mon enseignement. Cette lutte entre le vice et la vertu, entre l'attachement aux opinions traditionnelles et aux usages de la foi qu'une autorité quelconque a mis dans l'esprit et dans le cœur des hommes, et le retour au service renaissant de la raison restaurée dans ses droits ; cette dispute divisera amis et familles. Elle fera honneur à la meilleure partie de l'humanité, mais elle deviendrait funeste si ceux qui ont renversé l'ancien [ordre], au motif qu'il emprisonnait la liberté de la raison et souillait la source de la moralité, devaient lui substituer une foi imposée, qui s'attacherait à la lettre et ôterait de nouveau à la raison le droit de créer la loi par elle-même, d'y croire librement et de s'y soumettre. Ah, [quel malheur] s'ils armaient cette foi imposée par l'épée et la violence extérieure, et s'ils montaient les pères

1. *Schicksal.*

contre les fils, les frères contre les frères, les mères contre les filles, et rendaient l'humanité traîtresse à elle-même ! ».

On rapporta à Jésus un événement qui avait eu lieu vers cette même époque[1]. Pilate, proconsul de Judée, avait fait exécuter, on ne sait pour quelle raison, des Galiléens, tandis qu'ils faisaient des sacrifices. Connaissant la manière de penser de ses disciples qui, ayant rencontré une autre fois un aveugle né, en avaient conclu hâtivement que cet aveugle devait être un grand criminel ou bien que ses parents l'étaient, Jésus profita de l'occasion pour leur rappeler ce qui suit : « Vous avez peut-être en ce moment à l'esprit l'idée que ces Galiléens devaient être les pires de leur peuple pour avoir subi un tel sort, ou que ces huit ou dix personnes récemment frappées par une tour à Siloé étaient les plus corrompues parmi les habitants de Jérusalem? Non, juger sans amour des hommes auxquels un tel malheur advient n'est pas l'aspect sous lequel vous devez considérer un tel événement : [il vous faut], au contraire, tirés par lui de la tranquillité qui vous permet de vous adonner à votre égoïsme, le saisir dans votre propre cœur[2] en vous demandant sincèrement si ce n'est pas vous qui avez mérité un tel destin. Écoutez l'histoire suivante : le propriétaire d'une vigne y avait aussi planté un figuier et chaque fois qu'il venait pour cueillir des fruits, il n'en trouvait aucun[3]. Il dit alors au jardinier : « Cela fait trois ans je viens à cet arbre en vain : abats-le afin que la place qu'il occupe puisse être utilisée de meilleure façon ». Le jardinier répondit : « Laisse-le encore, pour que je bêche autour de lui et que je lui donne de l'engrais; j'espère encore de cette manière en tirer des fruits; sinon, je l'abattrai ». C'est ainsi que souvent le sort mérité est longtemps

1. Lc 13,1-5.
2. *Busen.*
3. Lc 13,6-9.

retardé : cela donne au criminel le temps de se relever, et à celui qui est sans inquiétude, de se familiariser avec des fins plus élevées. S'il laisse passer ce délai avec indifférence, son destin le rattrape et le châtiment vengeur s'abat sur lui ».

Dans le même temps, Jésus progressait toujours vers Jérusalem, s'arrêtait ici ou là, quand il trouvait une occasion de donner aux gens de bons enseignements. Au cours de ce voyage on lui demanda également si un petit nombre seulement pouvait accéder à la félicité. Jésus répondit : « Que chacun lutte pour soi afin de trouver le chemin étroit qui permet de bien conduire sa vie ; beaucoup qui s'y essaient échouent. Quand un maître de maison a fermé sa porte, si vous frappez en appelant pour qu'il vous ouvre, et s'il vous répond : « Je ne vous connais pas » ; si vous lui rappelez là-dessus que vous avez déjà mangé et bu avec lui par le passé, que vous étiez ses auditeurs, et s'il vous répète : « Certes, vous avez déjà mangé et bu avec moi et quand j'enseignais, vous étiez mes auditeurs, mais vous êtes devenus corrompus ; je ne vous reconnais pas pour mes amis ; allez-vous en » ; de même, nombreux sont ceux qui, du matin ou du soir, à midi ou à minuit[1], ont adoré Zeus, Brahma ou Wodan et qui trouveront grâce devant le juge du monde ; tandis que parmi ceux qui sont fiers d'avoir reconnu Dieu, mais qui ont fait honte par leur vie même à cette reconnaissance plus élevée, beaucoup seront réprouvés ».

Quelques Pharisiens, on ignore s'ils le firent avec une bonne intention ou avec quelque autre dessein, le prévinrent de quitter la province d'Hérode, car ce dernier voulait attenter à sa vie. Jésus leur dit en réponse que ses occupations étaient de nature à ne préoccuper Hérode en aucune façon ; de plus, il ne serait point convenable que Jérusalem – scène ordinaire où

---

1. Autrement dit : « d'Orient ou d'Occident, du Nord ou du Sud ».

tant de maîtres étaient morts pour avoir essayé de guérir le
peuple juif de son obstination à conserver ses préjugés et du
mensonge par lequel il bafouait selon eux toutes les règles de
la moralité et de l'intelligence – ne fût pas également le lieu où
un tel sort devait le frapper.

Il mangea aussi une nouvelle fois chez un Pharisien. Il
observa que quelques-uns prenaient grand soin de choisir les
places supérieures qu'ils estimaient dues à leur rang, et il
remarqua que se presser vers les places supérieures pouvait
souvent donner lieu d'être confus : car, s'il se présentait
quelqu'un de plus considérable encore, il fallait alors accepter
avec honte de céder sa place contre une autre située plus bas ; à
l'inverse, celui qui se place plus bas et que l'hôte appelle à une
place plus élevée en tire plus d'honneur. D'une manière générale, celui qui s'élève lui-même sera abaissé ; au contraire, le
modeste sera élevé[1]. S'adressant à l'hôte, il observa qu'en plus
de la générosité et de l'hospitalité consistant à convier ses
parents, ses amis ou ses riches voisins à un repas, marque
d'amitié à laquelle ils répondent d'ordinaire par des invita-
tions réciproques, il en connaissait une autre plus noble, celle
de nourrir les pauvres, les malades ou les malheureux qui ne
peuvent rendre la pareille sinon par les manifestations sincères
de leur gratitude et [on trouve également une satisfaction dans]
le sentiment que procure le fait d'avoir soulagé leur chagrin,
de savoir que tu as, par de telles actions, versé un baume sur les
plaies des malheureux et apporté du bien à leur désolation[2].
Alors, un des convives s'exclama : « Bienheureux celui qui
fait partie de ce nombre : il est citoyen du royaume de Dieu ! »
Jésus éclaira ce concept de royaume de Dieu avec l'image d'un

1. Lc 1,8-11.
2. Phrase mal construite en allemand, qui se termine au style direct et qui
ne pouvait subsister telle quelle dans la traduction sans l'ajout des crochets.

prince qui voulut fêter le mariage de son fils par un grand repas auquel il invita de nombreux convives[1]. Le jour de la fête, il envoya ses serviteurs prier ses invités de venir car le repas les attendait. Alors l'un s'excusa en disant qu'il ne pouvait venir parce qu'il avait acheté des champs qu'il devait aller voir, un deuxième parce qu'il avait à examiner cinq paires de bœufs qu'il venait d'acquérir, un troisième allégua qu'il venait de célébrer ses noces, d'autres même traitèrent les serviteurs avec mépris, en sorte qu'aucun de ceux qui étaient invités ne se présenta. Contrarié, le prince, ordonna à ses serviteurs, dans la mesure où la dépense était déjà faite, d'aller dans les rues et dans les places de la ville pour inviter les pauvres, les aveugles, les paralysés et les autres infirmes. Les serviteurs s'exécutèrent ; cependant, comme il restait encore de la place, le maître les envoya une nouvelle fois chercher sur les routes de campagne et le long des clôtures, afin d'amener ceux qu'ils trouveraient pour remplir la maison. Il en va de même pour le royaume de Dieu : beaucoup attachent aux plus petites fins une importance plus grande qu'à leur destinée suprême ; beaucoup, placés par la nature ou par la chance dans un cercle d'action plus grand, négligent de manière irresponsable l'occasion de pouvoir faire beaucoup de bien ; et l'honnêteté se trouve souvent reléguée dans les cabanes misérables ou abandonnée à des talents limités. Faire des sacrifices est une qualité majeure du royaume du bien. Celui pour qui ses relations de fils, de frère, de mari ou de père, pour qui sa béatitude et sa vie sont plus chères que la vertu, celui-là n'est appelé ni à œuvrer lui-même en vue de la perfection ni à y conduire les autres. En particulier que celui qui veut travailler pour les autres examine bien ses forces auparavant, afin de savoir s'il sera capable

1. Mt 22,1-10.

d'aller jusqu'au bout. De même que l'homme qui a commencé à bâtir une maison mais doit la laisser inachevée pour n'avoir pas calculé au préalable le coût de l'ensemble, devient la risée des gens, de la même façon que le prince qui a examiné ses forces avant d'oser en affronter un autre le menaçant d'une guerre, les juge insuffisantes et cherche à faire la paix avec lui; de même, quiconque entend se vouer à l'amélioration des hommes doit examiner s'il est capable dans ce combat de renoncer à tout ce qui se présentait autrefois avec quelque attrait pour lui.

Là encore, les Pharisiens furent une nouvelle fois choqués de voir qu'il se trouvait des publicains et des personnes de mauvaise vie parmi les auditeurs de Jésus, et que ce dernier ne les renvoyait pas [1]. Jésus dit à ce sujet : «Lorsqu'une brebis s'est égarée du troupeau, la retrouver ne procure-t-il pas au berger de la joie? Ou, lorsqu'une femme a perdu une pièce de monnaie, ne la cherche-t-elle pas avec soin et, lorsqu'elle la retrouve, n'éprouve-t-elle pas devant [cette pièce] une joie plus grande que pour celles qui ne sont pas perdues? De même, les hommes bons n'éprouvent-ils pas de la joie à voir un égaré retrouver le chemin de la vertu? Je veux vous raconter une histoire : Un homme avait deux fils [2]. Comme le cadet lui réclamait sa part d'héritage, le père partagea [son bien] entre ses fils. Quelques jours après, le cadet rassembla ses affaires et, pour pouvoir jouir de sa part sans contrainte et selon son goût, il l'emporta dans un pays lointain et il gaspilla toute sa fortune. Il se trouvait déjà dans le besoin quand vint une grave disette qui aggrava encore son dénuement, l'augmenta à l'extrême. Il trouva finalement refuge chez un homme qui l'envoyait aux champs pour garder les cochons dont il dut

1. Lc 15,1-7.
2. Lc 15,11-32.

partager la nourriture, faite de glands. Son triste sort lui fit
alors se souvenir de la maison de son père. "Ah, se dit-il en soi-
même, combien les journaliers de mon père ont un meilleur
sort, car ils ne manquent jamais de pain, tandis que moi ici je
suis épuisé par la faim! Je vais retourner auprès de mon père et
lui avouer : "'Père ! J'ai péché contre le Ciel et contre toi ; je ne
suis plus digne d'être appelé ton fils ; accepte de me prendre
seulement comme l'un de tes journaliers'". Il se résolut à
accomplir cette pensée. Du plus loin qu'il le vit venir, son père
accourut à sa rencontre ; il se jeta à son cou et l'embrassa. "Ah,
mon père, dit le malheureux plein de repentir, mes fautes me
rendent indigne d'être encore appelé ton fils". Mais le père
ordonna à ses serviteurs d'aller chercher son meilleur habit
et de lui donner des chaussures, et [il leur dit :] "Tuez le veau
gras, soyons tous dans la joie, car mon fils qui était mort
pour moi est revenu à la vie ; il était perdu, et voici qu'il est
retrouvé". Dans le même temps, l'aîné revenait des champs ;
comme il s'approchait de la maison, il entendit ces cris de joie
et demanda ce qui se passait. Un serviteur le lui ayant dit, il en
fut contrarié et ne voulait pas entrer dans la maison. Le père
sortit et lui fit des remontrances, mais le fils ne voulait rien
entendre : "Alors que je suis chez toi depuis si longtemps, que
je travaille pour toi, en suivant ta volonté en toutes choses, tu
ne m'as encore jamais proposé de prendre du plaisir avec mes
amis ; mais ce fils-là, qui a dissipé sa fortune avec des prosti-
tuées, arrive pour que tu fasses une fête en son honneur !".
Le père répondit : "Mon fils, tu es toujours chez moi, tu ne
souffres de rien et tout ce qui est à moi t'appartient ; mais tu
devrais te réjouir et être heureux que ton frère qui était perdu se
soit ressaisi, que celui auquel nous avions renoncé soit de
nouveau guéri" ».

À une autre occasion, mais qui nous est inconnue, Jésus raconta à ses amis l'histoire suivante[1] : «Un homme riche avait un régisseur dont on lui rapporta qu'il dilapidait la fortune qui lui était confiée. Le maître le fit appeler et lui dit : "Qu'est-ce que j'entends à ton sujet ? Rends-moi compte de ton intendance, car tu ne peux conserver ta place plus longtemps". Le régisseur réfléchit sur ce qu'il devait faire à présent : il perdait son poste, il n'avait pas la force de travailler comme journalier et il avait honte de mendier. Enfin, il trouva un moyen pour se tirer d'affaire : c'était de se lier d'amitié avec les débiteurs de son maître afin de se faire recevoir chez eux lorsqu'il quitterait sa charge. Il les fit [donc] venir l'un après l'autre ; à l'un qui devait cent jarres d'huile, il lui fit une nouvelle reconnaissance de dette selon laquelle n'étaient déclarées que cinquante ; à un autre, il réduisit la dette de cent à quatre-vingt muids de blé, et il agit de même avec les autres. Quand le maître s'en rendit compte par la suite, il dut rendre témoignage à ce régisseur infidèle pour son intelligence[2] ; en cela les hommes bons se laissent souvent surpasser par les mauvais, puisque l'intelligence de ces derniers ne se fait pas de scrupule à violer l'honnêteté. De l'histoire que je vous ai contée, je tire ce conseil à votre intention : que votre intelligence, par rapport à l'usage de l'argent que vous pouvez avoir, vous permette de vous faire des amis parmi les malheureux, mais non pas à la manière de cet intendant, aux dépens de l'honnêteté ; car celui qui est traître pour les petites choses le sera plus encore dans les grandes. Si vous ne pouvez pas être honnêtes dans les affaires d'argent, comment pourrez-vous être réceptifs à l'intérêt plus élevé de l'humanité ? Si vous êtes tant attachés à ce que vous devriez considérer comme étranger

1. Lc 16,1-9.
2. *Klugheit.*

à vous-mêmes, au point d'en oublier à cause de lui la vertu, qu'aurait-on encore de grand à attendre de votre part? Poser comme le but suprême de sa vie son intérêt ou le service de la vertu, voilà deux choses incompatibles ».

Quelques Pharisiens qui avaient écouté cela et qui aimaient beaucoup l'argent se moquèrent de Jésus qui dépréciait tant la valeur de la richesse. Jésus se tourna vers eux et leur dit : « Vous vous appliquez seulement à vous donner une apparence de sainteté aux yeux des hommes, mais Dieu connaît vos cœurs. Ce qui apparaît grand et respectable au jugement des sens s'évanouit jusqu'à devenir néant devant la divinité ».

« Il était une fois un homme riche qui s'habillait de pourpre et de soie, et qui tous les jours faisait bombance à satiété[1]. Devant sa porte était souvent assis un pauvre, nommé Lazare, dont le corps était malade; il était recouvert d'abcès, et personne, à part des chiens qui le léchaient, ne pouvait lui apporter quelque soulagement; souvent il aurait aimé assouvir sa faim avec les restes de la table de l'homme riche. Le pauvre mourut et demeura désormais dans la région des bienheureux. Aussitôt après le riche mourut aussi, et fut inhumé en grande pompe; cependant le lot du pauvre ne fut pas le sien. Lorsqu'il leva les yeux, il aperçut Lazare auprès d'Abraham; il s'écria : "Abraham, mon père, aie pitié de moi et envoie Lazare pour me soulager dans mon tourment avec une seule goutte d'apaisement comme un malade qui a la fièvre se délecte d'une goutte d'eau". Mais Abraham répondit : "Souviens-toi, mon fils, que tu as joui de ton bien dans l'autre vie; mais Lazare, lui, a été malheureux. Il est maintenant consolé, et toi tu souffres". "Alors je te prie seulement, père, de l'envoyer dans ma maison paternelle, car j'ai encore cinq frères, afin qu'il leur apprenne mon

1. Lc 16,19-31.

sort et les mette en garde pour n'en point mériter de semblable".
[Abraham répondit :] "Ils possèdent une loi dans leur raison et,
en plus, les enseignements des hommes bons : qu'ils les écoutent !" – "Ce n'est pas suffisant pour eux, dit le malheureux ;
mais si un mort leur apparaissait sorti de sa tombe, alors ils
deviendraient certainement meilleurs" – "La loi de la raison
a été donnée à l'homme, répliqua Abraham ; ni du ciel ni
de la tombe ne saurait lui parvenir d'autre enseignement, il
serait totalement contre l'esprit de cette loi, qui exige une
soumission libre, non pas servile et extorquée par la peur" ».

À une autre occasion, dont les circonstances sont
également inconnues, les amis de Jésus lui firent la demande
étrange de renforcer leur courage et leur constance[1]. Jésus leur
fit cette réponse : « Seule la pensée de votre devoir et du grand
but de la destinée qui est fixée à l'homme peut le faire ; ainsi
vous ne serez jamais au bout de votre travail, vous ne croirez
pas avoir droit maintenant à la jouissance. Lorsqu'un serviteur
rentre du champ à la maison, son maître ne lui dira pas : "Va
maintenant et prends du bon temps", mais : "Prépare maintenant mon repas et me sers, ensuite tu pourras manger à ton
tour", et quand le serviteur aura fait cela, il ne croira pas pour
autant devoir le remercier. Ainsi, vous aussi, quand vous aurez
accompli votre devoir, ne pensez pas : "Nous avons fait plus
qu'il ne faut, le temps du travail est maintenant révolu et le
temps du plaisir doit maintenant commencer", mais : "Nous
n'avons rien fait que notre devoir" ».

Une autre fois, les Pharisiens, qui ne pouvaient se défaire
de leur représentation sensible du royaume de Dieu, demandèrent à Jésus, sur les lèvres duquel ces mots revenaient
souvent : « Quand donc le royaume de Dieu adviendra-t-il ? ».

---

1. Lc 17,5-10.

Jésus leur répondit : « Le royaume de Dieu ne se montre pas avec pompe ou avec un décor extérieur. Aussi ne dira-t-on jamais : "Vois ! Il est ici ou il est là !", car c'est en vous que le royaume de Dieu doit être érigé intérieurement ». Et, se tournant alors vers ses disciples [il ajouta] : « Vous souhaiterez souvent, vous aussi, voir le royaume de Dieu érigé sur la terre ; souvent, l'on vous dira que se trouve ici ou là une heureuse fraternité entre les hommes, sous les lois de la vertu. Ne courez pas après de telles chimères ; n'espérez pas voir le royaume de Dieu dans une réunion d'hommes extérieurement brillante, comme par exemple la forme extérieure d'un État, dans une société, ou sous les lois publiques d'une Église. Plutôt qu'une telle situation, calme et resplendissante, le lot que les véritables citoyens vertueux du royaume de Dieu recevront en partage est la persécution ; elle leur viendra le plus souvent de ceux qui, comme les Juifs, sont membres d'une société de ce genre, et s'y connaissent bien [en la matière] [1]. [Car], de deux [hommes] qui confessent une même foi et appartiennent à une même Église, l'un peut être vertueux et l'autre abject [2]. Ne vous attachez donc pas à la forme extérieure, ne sombrez pas dans une oisiveté paresseuse en vous montrant trop confiants d'avoir accompli votre devoir par une observation ponctuelle où l'amour et la jouissance de la vie trouveraient aussi leur place, car qui ne pourrait les sacrifier à son devoir se rend du même coup indigne de lui. Aussi peu votre constance doit-elle vous quitter quand, voyant que vos espoirs d'accomplir le bien par

1. Autrement dit, et c'est le sens de cette phrase difficile par sa structure, les membres du royaume de Dieu (les vertueux) sont ici opposés aux membres de cette société extérieure (qu'incarne celle des Juifs) ; les premiers seront persécutés par les seconds qui s'y entendent bien en matière de persécution (en tant que membres d'une telle société extérieure/en tant que Juifs ?).

2. *Verworfner*. Cf. *supra*, p. 143, note 4.

votre combat manquent à se réaliser, vous deviendriez lassés et, avec une mine chagrinée, vous vous décideriez de vous éloigner en nageant dans le courant universel de la dépravation. Comme, souvent, un client n'est pas soutenu dans son affaire par l'honnêteté du juge mais parce que le juge voulait se débarrasser de ses demandes répétées, vous aussi accomplirez beaucoup de bien par votre constance. Et alors, quand vous aurez saisi de toute votre âme la grandeur du but que fixe le devoir, votre effort sera, comme ce but, pour l'infini et ne faiblira jamais, que vous [en] ayez ou non vu mûrir les fruits dans cette vie ».

À l'adresse des Pharisiens qui se croient si parfaits et qui, par cette suffisance, méprisent les autres hommes, Jésus raconta l'histoire suivante [1] : « Deux hommes, dont l'un était un Pharisien l'autre un publicain, allaient au Temple pour prier. Le Pharisien priait ainsi à haute voix : "Je te suis reconnaissant, mon Dieu, de ne pas être, comme les autres hommes, voleur, injuste, adultère ou [comme] l'un de ces publicains. Je jeûne deux fois par semaine, je me rends régulièrement au service divin et je verse consciencieusement la dîme pour ton Temple" ». Le publicain se tenait loin de ce saint [homme] ; il n'osait pas élever son regard vers le ciel mais il se frappait la poitrine et implorait Dieu avec ardeur : "Ô mon Dieu, aie pitié de moi car je suis un pécheur ! " Eh bien, je vous le dis, ce dernier retourna dans sa demeure la conscience véritablement plus apaisée que ce Pharisien ».

Un jeune homme distingué s'avança vers Jésus [2]. Il lui demanda : « Bon maître, que dois-je faire pour être vertueux et digne devant Dieu de la béatitude après cette vie ? ». Jésus répondit : « Pourquoi m'appelles-tu bon ? Personne n'est

1. Lc 18,9-14.
2. Mt 19,16-29 ; Mc 10,17-30 ; Lc 18,18-30.

parfaitement bon, sauf Dieu. Par ailleurs, tu connais bien les commandements de vos maîtres de morale : "Tu ne commettras pas d'adultère ; tu ne tueras pas ; tu ne feras pas de faux témoignage ; tu honoreras ton père et ta mère" ». Le jeune homme lui répondit alors : « J'ai observé depuis ma jeunesse tous ces commandements ». Jésus dit : « Maintenant, si tu sens que tu peux faire encore davantage, emploie alors ta richesse pour soutenir les pauvres et pour faire avancer la moralité ; et deviens mon auxiliaire ». Le jeune homme entendit cela avec chagrin, car il était fort riche. Jésus le remarqua et dit à ses disciples : « [Voyez] à quel point l'amour de la richesse peut envelopper l'homme dans ses filets, et quel grand obstacle à la vertu il peut devenir pour lui ! La vertu demande le sacrifice ; l'amour de la richesse, des gains toujours nouveaux ; l'une [demande] que l'on se concentre sur soi ; l'autre, que l'on s'étale et que l'on augmente toujours ce que l'on appelle sien ». Les amis de Jésus lui demandèrent : « Comment peut-on espérer que ce penchant de la nature humaine ne rende pas impossible d'être vertueux ? ». Jésus répondit : « Ce qui permet de lever la contradiction entre ces deux penchants, c'est le fait que Dieu a accordé à l'un une force législatrice propre qui impose le devoir ainsi qu'une prépondérance sur l'autre, et lui a donné aussi la force d'y parvenir ». Là-dessus, Pierre, qui était de ses amis, répondit : « Tu sais que nous avons tout quitté pour nous adonner à ta formation et nous consacrer uniquement à la moralité ». – « Concernant ce que vous avez abandonné, dit Jésus, le fait d'avoir acquis la conscience d'avoir vécu pour le seul devoir est une compensation plus riche en cette vie et pour l'éternité tout entière ».

Jésus était maintenant arrivé avec sa suite, composée uniquement des douze amis qu'il avait choisis, dans les environs de Jérusalem[1]. Il leur apprit la manière dont il y serait accueilli et traité et des noirs châtiments qu'il allait y recevoir. De tels châtiments allaient à l'encontre de ce que ses disciples attendaient de son arrivée et de son séjour à Jérusalem [car], même eux, qui profitaient [pourtant] chaque jour de la fréquentation et de l'enseignement de Jésus, avaient [conservé] dans leur tête juive l'espoir charnel que Jésus allait se présenter bientôt comme roi, restaurer l'éclat de l'État juif et son indépendance à l'égard des Romains, et les récompenser [en leur donnant] le pouvoir et la gloire, comme ses amis et ses aides, pour ce dont ils s'étaient privés. Ils n'avaient pas encore banni de tels espoirs; ils ne s'étaient pas encore appropriés le sens spirituel du royaume de Dieu, celui du règne des lois de la vertu parmi les hommes. C'est ainsi que la mère de Jean et de Jacques vint alors à Jésus et se jeta à ses pieds; comme Jésus lui demandait ce qu'elle voulait, parce qu'ils croyaient alors voir approcher l'accomplissement de leur espérance, elle adressa avec eux à Jésus la demande suivante : « Si tu établis maintenant ton royaume, élève mes fils au rang le plus proche après le tien ». Jésus leur répondit : « Vous ne savez pas ce que vous demandez! Êtes-vous prêts à vivre selon le devoir que vous avez accepté pour l'amélioration des hommes et à partager le sort qui m'attend, quel qu'il soit? ». Ils répondirent, vraisemblablement avec l'espoir que [ce sort] ne pouvait être autre que brillant : « Oui, nous sommes prêts ». Jésus leur dit : « Faites alors votre devoir, résignez-vous calmement à votre sort, mais ne vous attendez pas à voir se réaliser les espoirs que vous avez montrés par votre demande. Seule la pureté de votre sentiment, largement découverte devant Dieu et non pas devant moi, peut déterminer la valeur que vous avez aux yeux de la

---

1. Mt 20,17-28; Mc 10,32-45; Lc 18,31.

divinité ». Les autres amis de Jésus furent très irrités par cette demande des deux frères. Jésus leur fit alors cet enseignement : « Vous savez que le désir de domination est une passion très séduisante et très générale parmi les hommes, et qu'il se manifeste autant dans les sphères étroites que dans les grandes sphères de la vie. Qu'il soit banni de votre société ! Mettez entre vous votre honneur dans le fait de vous être agréables les uns aux autres et de vous servir [mutuellement], de même que le but de ma vie n'a jamais été de commander aux autres mais de servir l'humanité et même de sacrifier ma vie pour elle ». Concernant les attentes de ses compagnons, à savoir le fait que son amitié et la faveur qu'il leur témoignait leur vaudraient de brillants avantages pour la période maintenant imminente de son pouvoir, Jésus les instruisit sur la différence de valeur entre les hommes par cette parabole [1] : « Un prince fit un jour un voyage dans un pays lointain pour en reprendre le gouvernement. Avant de quitter celui sur lequel il régnait déjà, il confia à ses serviteurs dix talents [2] afin de les faire fructifier. Les citoyens envoyèrent auprès de lui une députation afin de lui faire savoir qu'ils ne le reconnaîtraient plus pour leur souverain. Malgré cela, à son retour, il conserva son trône ; il demanda alors des comptes à ses serviteurs sur la manière dont ils avaient utilisé l'argent qu'il leur avait laissé. Le premier lui dit : "Avec le talent [d'or] [3] que tu m'as confié, j'en ai gagné

---

1. Mt 25,14-30 ; Lc 19,11-27.

2. Le récit de Hegel suit celui de Luc, à la réserve de la référence à des *talents* (terme employé par saint Matthieu), alors que Luc parle de *mines*. La *drachme* équivaut à peu près à 1 euro ; la *mine* valait 100 *drachmes* et le *talent d'argent* valait 60 *mines*, soit 6000 *drachmes*.

3. Il s'agit ici d'un *talent d'or*, qui valait 10 *talents d'argent*. Cette incohérence n'est donc qu'apparente dans le récit de Hegel ; elle se retrouve, du reste, chez les deux évangélistes qui lui ont servi de source.

dix [autres]" – "C'est bien, répondit le prince [1], avec peu tu as fait une bonne gestion. Je veux te confier davantage : je te donne la régence de dix villes". Avec son talent, l'autre [serviteur] en avait gagné cinq [autres]; le prince lui confia la régence de cinq villes. Un autre [serviteur] dit : "Je te rends le talent sans l'avoir perdu; je l'ai conservé soigneusement; je craignais de hasarder cette somme car tu es un maître sévère qui veut prendre là où il n'a rien mis, et récolter là où il n'a rien semé". – "Ta justification te condamne, répliqua le prince : si tu savais que j'étais un homme sévère qui veut récolter là où il n'a pas semé, pourquoi n'as-tu pas donné ton argent aux banquiers pour pouvoir me rendre ton talent avec les intérêts ? Tu perds ton argent; qu'il soit désormais à celui qui en a gagné dix". Les autres serviteurs furent frappés [de voir] que celui qui avait déjà dix talents devait recevoir cet autre en plus. Cependant le prince leur dit : "Qui aura fait bon usage de ce qui lui a été confié, se verra confier davantage; mais qui l'aura mal employé ou même n'en aura fait aucun usage se rend par là même indigne de ce qui lui a été donné. Et maintenant, amenez-moi ceux qui ont refusé de m'obéir afin que je les punisse". De même que ce prince, de même Dieu juge ce que valent les hommes d'après l'usage fidèle des forces qui leur ont été données et d'après l'obéissance aux lois morales sous lesquelles ils se trouvent ».

Là aussi (Jésus se trouvait maintenant à Jéricho, à six heures environ de Jérusalem), des Pharisiens montrèrent à nouveau leur désapprobation en voyant Jésus s'arrêter dans la maison d'un publicain; [ce dernier] s'appelait Zachée [2]. Comme il était de petite taille, Zachée avait grimpé à un arbre

---

1. Texte de Hegel : « répondit Jésus », ce qui est évidemment une négligence.
2. Lc 19,1-10.

afin de voir Jésus dont il ne pouvait s'approcher à cause de la foule; il fut surpris de l'honneur que Jésus lui faisait d'avoir choisi sa maison pour se reposer. Comme il concevait bien comment Jésus se représentait son caractère en raison des fonctions qui étaient les siennes jusqu'alors, et qu'il sentait bien qu'il devait lui apparaître sous un jour défavorable, il fit connaître à Jésus l'amélioration de son ancienne manière de penser et lui dit: « Je donne la moitié du bien que je gagne aux pauvres et, si j'ai trompé quelqu'un, je lui donne quadruple pour le dédommager ». Jésus lui témoigna sa joie devant ce retour à l'honnêteté, et [lui dit] que son but sur la terre était de conduire les hommes sur ce chemin ».

C'était de nouveau le moment de la fête de Pessah et, pour cette raison, la plupart des Juifs étaient déjà arrivés à Jérusalem [1]. Jésus séjournait encore quelques jours à proximité de Jérusalem dans une ville du nom d'Ephraïm et particulièrement à Béthanie [2]. Lors d'un repas servi en son honneur se trouvait une fille [3] du nom de Marie, qui était une amie de Jésus. Elle oignit ses pieds d'un baume précieux et les essuya avec sa chevelure. Là-dessus Judas, apôtre de Jésus qui gérait l'argent de la communauté, fit remarquer que l'on aurait pu faire un meilleur usage de ce baume en le vendant pour en distribuer l'argent aux pauvres. Judas avait espéré récupérer cet argent dans sa bourse et, lors de la distribution aux pauvres, il ne se serait pas oublié. Mais Jésus lui remontra qu'il n'aurait point peiné le cœur de Marie par ce blâme s'il avait senti

1. Jn 11,54-55.
2. Jn 12,1-8.
3. *Frauenzimmer*. Ce terme est, en allemand courant, très légèrement péjoratif. Il ne doit pas être confondu avec *Zimmerfrau*. Une *Frauenzimmer* est une femme que l'on connaît bien et à qui on pourrait demander des services. On n'appellerait pas une dame ainsi.

l'amitié qu'elle lui exprimait par son acte, semblable à l'amour que l'on témoigne aux morts en les embaumant. Par ailleurs, il aurait encore à tout moment l'occasion de montrer sa prétendue charité envers les pauvres.

Pendant ce temps, le Grand Conseil de Jérusalem, qui s'attendait à voir venir Jésus pour la fête, comme tous les [autres] Juifs, avait décidé de profiter de cette occasion pour le faire arrêter et condamner à mort[1]. Cependant ils avaient convenu de reporter cette [résolution] après la fête, car ils craignaient une tentative des Galiléens, compatriotes de Jésus, pour le faire libérer. Aussi le Grand Conseil donna-t-il pour consigne d'être tenu informé aussitôt que l'on aurait aperçu Jésus au Temple[2]; et, comme on ne voyait Jésus nulle part, ceux qui avaient été chargés [d'exécuter cet ordre] furent fort embarrassés lors des premiers jours de la fête.

Six jours après ce repas, Jésus se rendit à Jérusalem même. À la vue de la ville, les larmes lui montèrent aux yeux : « Hélas, dit-il, si seulement tu pouvais voir ce qui servirait ton bien ! Mais cela t'a été caché. Car votre orgueil, votre opiniâtreté dans vos préjugés, votre intolérance irriteront vos ennemis contre vous : ils vous assiégeront et vous tourmenteront en tout lieu jusqu'à ce que votre État, votre constitution, objet de votre fierté, soit détruit, et que vous soyez enterrés sous ses ruines, sans avoir le sentiment et la gloire d'être morts pour la noble défense d'une bonne et grande cause ! ».

Jésus, selon la manière des Orientaux, montait un âne; parmi le peuple, la foule de ceux qui le connaissaient vint à sa rencontre et l'accompagna avec des rameaux d'olivier à la main, et c'est parmi leurs chants d'allégresse qu'il entra dans la ville.

1. Mt 26,3-5 ; Mc 14,14,1-2 ; Lc 22,1-6 ; Jn 11,53.
2. Jn 11,56-57.

Jésus ne passa pas la nuit à Jérusalem mais à Béthanie ; il y retourna cependant le matin venu et se montra publiquement au Temple pour y enseigner [1]. Ses ennemis cherchèrent [alors] à le provoquer et à le mettre à nu au moyen de questions insidieuses, en partie afin de trouver un prétexte pour l'accuser, en partie pour le rendre odieux au peuple dont le comportement les inquiétait, car la grande affluence provoquée par l'arrivée [de Jésus] dans la ville avait encore augmenté leurs craintes. C'est ainsi qu'ils lui demandèrent, un jour où il se trouvait assis dans le Temple devant une grande foule d'auditeurs, en vertu de quel pouvoir [2] il exerçait cette charge d'enseignement en public [3]. Jésus dit : « À mon tour, laissez-moi vous poser une question : les motifs qui ont poussé Jean[-Baptiste] à enseigner en public étaient-ils le zèle pour la vérité et la vertu, ou bien était-ce un dessein égoïste ? ». Ceux qui lui avaient posé la question se dirent alors : « Si nous choisissons la première réponse, Jésus nous demandera alors : "Que ne l'avez-vous écouté ?". Si nous choisissons la seconde, nous allons dresser le peuple contre nous ». Ils répondirent donc qu'ils n'en savaient rien. « Eh bien, dit Jésus, je ne puis non plus répondre à votre question. Mais jugez donc ! Un homme qui avait deux fils incita l'un d'eux à aller travailler la vigne. Celui-ci lui répondit d'abord qu'il n'irait pas ; mais par la suite, saisi de repentir, il y alla. Le père donna le même ordre au second ; ce dernier témoigna aussitôt son empressement et promit d'y aller, mais ensuite il ne s'y rendit pas. Quel est celui des deux qui a prouvé son obéissance à son père ? ». Ils répondirent : « Le premier » [4].

---

1. Mt 21,17.
2. *Vollmacht*, « procuration ».
3. Lc 20,1-8.
4. Mt 21,28-32. Hegel a interverti, sans doute par négligence, l'ordre des fils : c'est le premier qui promet d'aller travailler la vigne mais ne s'y rend pas

Jésus répondit : « Il en est de même pour vous : les hommes considérés généralement comme moralement corrompus ont, à l'incitation de Jean, écouté la voix de la vertu et maintenant, par leurs bonnes dispositions[1], ils vous surpassent, vous qui avez toujours à la bouche le nom de Dieu et qui prétendez uniquement vivre pour le servir ».

Jésus leur proposa encore une autre histoire : « Un homme planta une grande vigne, l'entoura de murs, la fixa, demanda à des vignerons de l'édifier, puis partit en voyage[2]. À l'automne, il envoya [aux vignerons] ses gens pour récupérer ce que la vigne avait produit. Mais ils reçurent toutes sortes de mauvais traitements des vignerons ; aux serviteurs envoyés pour la deuxième fois par le propriétaire du bien, il advint de même. Espérant qu'ils auraient égard à son fils, il leur dépêcha alors celui-ci. Cependant, comme il était l'héritier, les vignerons pensèrent qu'en le tuant ils entreraient en pleine possession de l'héritage, aussi le mirent-ils à mort. « Maintenant, demanda Jésus à son entourage, que fera le maître de la vigne ? ». Ils répondirent alors : « Il punira les vignerons avec la rigueur qu'ils méritent, et il affermera la vigne à d'autres vignerons qui lui en donneront le fruit qui lui revient de droit ». Jésus reprit : « C'est ainsi que les Juifs ont eu la chance d'obtenir avant les autres nations des concepts plus dignes de la divinité et de ce qui est sa volonté à l'égard des hommes. Cependant vous ne produisez pas les fruits qui rendent les hommes agréables aux yeux de la divinité ; aussi est-ce une vaine folie de vous croire chéris par Dieu à cause de ce seul avantage, et un crime de maltraiter les hommes qui sentent que c'est quelque

(et la théologie chrétienne saura y voir une allusion au peuple juif, élu en premier par Dieu).

1. *Gesinnung* : manière de penser, intention.
2. Mt 21,33-41 ; Mc 12,1-12 ; Lc 20,9-19.

chose de plus grand qui donne à l'homme sa vraie valeur et qui vous le disent ». S'ils l'avaient osé, les membres du Grand Conseil, qui s'étaient exposés à ce reproche, se fussent aussitôt saisis de Jésus, [mais ils se continrent] à cause du peuple.

Quelques Juifs grecs, qui étaient aussi venus à la fête, voulaient s'adresser à Jésus [1]; il semble qu'ils lui firent parler certains de ses amis afin de pouvoir l'entretenir en particulier. Jésus ne montra aucun plaisir à cette demande, car il pensait les voir arriver imbus des conceptions que les Juifs se faisaient d'ordinaire sur le Messie, et qu'ils voulaient se recommander à lui comme à leur futur roi et seigneur. À ce propos Jésus dit alors à ses disciples : « Ces gens-là se trompent s'ils me croient nourri de l'ambition de m'élever pour être le Messie qu'ils attendent, [s'ils pensent que je suis] désireux de les avoir à mon service ou flatté de les voir s'ajouter au nombre de ceux qui sont à ma suite. S'ils obéissent à la loi sacrée de leur raison, alors nous sommes frères, alors nous appartenons à une même communauté. S'ils pensent que je recherche le pouvoir et la gloire, ils méconnaissent ou croient que je méconnais pour ma part la destinée sublime de l'homme. De même que le grain mis en terre meurt d'abord pour qu'il germe et monte en herbe, [de même] je ne demande pas, non plus, à vivre pour voir les fruits du travail que je me suis fixé; aussi mon esprit n'a-t-il pas atteint sa destinée dans l'enveloppe de ce corps. Pour conserver cette vie, devrais-je être infidèle à ce que je reconnais comme devoir? Je vois avec tristesse où mènent les desseins de ceux qui gouvernent ce peuple; ils veulent me prendre la vie, mais devrais-je pour cela souhaiter ou demander à Dieu : "Père, arrache-moi à ce danger!". Non, mon zèle à appeler les hommes au véritable service de la divinité et à la vertu m'a mis

---

1. Jn 12,20-21.

dans cette situation, et je suis prêt à me soumettre aux conséquences qui doivent en découler quelles qu'elles soient. Voilà qui contredit de nouveau votre attente d'un Messie qui ne mourra pas. La vie en soi est-elle donc pour vous quelque chose de si grand et la mort est-elle si terrible que vous ne la puissiez admettre chez un homme qui devrait mériter votre estime? Cependant, est-ce que je réclame de l'estime envers ma personne, ou que l'on ait foi en moi? Ou [encore], est-ce que je veux vous obliger à reconnaître comme une découverte mienne une échelle de mesure pour apprécier et juger la valeur d'un homme? Non, l'estime [que vous devez avoir] pour vous-mêmes, la foi dans la loi sacrée de votre raison et l'attention [que vous devez porter] au juge intérieur à votre cœur[1] et à la conscience, une [échelle de] mesure qui soit aussi celle de la divinité, voilà ce que j'ai voulu éveiller en vous! ».

Les Pharisiens et partisans de la maison d'Hérode envoyèrent alors de nouveau quelques personnes à Jésus pour s'entretenir avec lui et trouver là une raison pour l'accuser auprès des autorités romaines[2]. Pour comprendre à quel point la question était insidieuse et avec quelle facilité Jésus aurait pu commettre une bévue contre cette autorité, ou contre les préjugés des Juifs, il faut se souvenir de la manière de penser des Juifs qui trouvaient tout à fait insupportable de payer un tribut à un souverain étranger, parce qu'ils ne voulaient en payer qu'à leur Dieu et à son Temple. Ces envoyés s'adressèrent donc à lui en ces termes: « Maître, nous savons que tu parles avec droiture, que tu t'en tiens à la vérité pure[3], et que tu n'affirmes rien en vue de plaire à qui que ce soit. Dis-nous, est-

1. *Busen.*
2. Mt 22,15-22; Mc 11,15-17; Lc 20,20-26.
3. Mot à mot : « non altérée ».

il juste que nous versions des impôts à l'empereur romain ? » [1]
Jésus comprit leur intention et leur dit : « Hypocrites que vous
êtes, que recherchez-vous pour me tendre un piège ? [2]. Montrez-
moi un denier. De qui porte-t-il l'effigie et la légende ? » [3] Ils
répondirent : « De l'empereur » [4] – « Si donc vous reconnaissez
à l'empereur, dit Jésus, le droit de battre la monnaie destinée à
votre usage, alors donnez à l'empereur ce qui est à l'empereur
et à votre Dieu ce qui est exigé pour son service ». Ils durent se
satisfaire de cette réponse, sans pouvoir rien lui reprocher. Les
Sadducéens, secte juive qui ne croyait pas à l'immortalité de
l'âme, voulurent également éprouver leurs vues devant Jésus ;
aussi lui dirent-ils [5] : « Selon nos lois, un homme dont le frère
meurt sans enfant doit épouser la veuve qu'il laisse derrière
lui [6] ; ainsi est-ce arrivé qu'une femme épouse de la sorte sept
frères successivement, car l'un après l'autre mourut sans lui
donner d'enfant. De qui devrait-elle être la femme si les
hommes [avaient une existence qui] perdurait après la mort ?
Jésus répondit à cette objection insipide : « Dans cette vie les
hommes se marient, il est vrai, mais une fois entrés dans la

1. *Dem Römischen Kaiser.* Cette dernière expression est impropre, surtout
au premier siècle, où l'empereur est toujours désigné sous le nom de César.
2. « *Ihr Heuchler, was sucht ihr, mir eine Falle zu legen ?* ». Nous avons
supposé ici un « *um* » sous-entendu : *was sucht ihr, [um] mir eine Falle zu
legen ?* Mais on aurait pu également considérer que le *was* a déjà la valeur d'un
warum (comme dans l'expression : *was lachst du ? = warum lachst du ?*) ce qui
donnerait : « vous hypocrites, pourquoi cherchez-vous à me tendre un piège ? »
On aurait également pu calquer la structure purement et simplement, ce qui
aurait donné : « Vous hypocrites, que cherchez-vous, à me tendre un piège ? ».
3. *Légende*, en français dans le texte. En numismatique, on appelle légende
les inscriptions figurant sur une monnaie.
4. Même remarque que pour la note 1.
5. Mt 22,23-33 ; Mc 12,18-27 ; Lc 20, 27-40.
6. Il s'agit de la loi du lévirat. Voir Deut 25,5-6.

communauté des purs esprits, les immortels abandonnent avec leur corps les besoins de cette sorte ».

Ayant entendu les bonnes réponses que faisait Jésus aux questions que les autres lui posaient, un Pharisien lui demanda également, apparemment sans mauvaise intention : « Quel est le principe suprême de la morale ? » Jésus lui répondit : « Il y a *un* Dieu : tu dois l'aimer de tout ton cœur, lui consacrer tout ton vouloir, toute ton âme, toutes tes forces. C'est là le premier commandement. Et voici le second, tout autant obligatoire que le premier : aime chaque homme comme s'il était toi-même. Il n'est pas de commandement plus élevé ». Le Pharisien admira l'excellence de la réponse et répondit : « Tu as répondu selon la vérité. Consacrer toute son âme à Dieu et aimer son prochain comme soi-même vaut plus que tout sacrifice et tout encensement ! ». Jésus se réjouit de voir ces bonnes dispositions[1] et dit [à cet homme] : « Par tes dispositions, tu n'es pas très loin d'être un citoyen du royaume de Dieu, où l'on ne doit pas solliciter sa grâce par le sacrifice, par des expiations, par un service accompli seulement avec les lèvres[2] ou par un désaveu de la raison ».

Dans une partie du Temple était disposé un tronc où l'on mettait les offrandes pour le Temple[3]. Parmi ceux qui apportaient leur contribution, Jésus observa, à côté des riches qui donnaient de grosses sommes, une pauvre veuve qui mit deux petites pièces. Il dit à ce sujet : « Cette femme a mis plus que tous les autres, car tous ont donné de leur superflu, mais ce peu qu'elle a offert représente toute sa fortune ».

---

1. *Gesinnung*.

2. *Lippendienst* : littéralement : « Service des lèvres ». L'idée est ici celle d'un culte verbal, *seulement* verbal, qui s'oppose à l'exercice de la vertu, à la vertu *en acte* : voir Is 29, 13 cité par Mc 7, 6.

3. Mc 12, 41-44 ; Lc 21, 1-4.

Jésus se saisit de l'occasion offerte par ces tentatives des Pharisiens dirigées contre lui pour mettre le peuple et ses amis en garde contre eux[1]. Il dit : « Les Pharisiens et les docteurs de la loi se sont assis sur le siège de Moïse. C'est pourquoi, respectez les lois qu'ils vous demandent d'observer, mais ne suivez ni leur exemple ni leur façon d'agir : ils connaissent assurément la loi de Moïse mais ils ne la respectent pas eux-mêmes. Leurs actions ont simplement pour but de se donner une apparence extérieure d'honnêteté devant les hommes ».

« Vous dévorez le bien des veuves et, sous prétexte de prier avec elles, vous vous donnez du bon temps chez elles[2]. Vous ressemblez à des sépulcres blanchis à la chaux[3] dont l'extérieur est peint tandis que l'intérieur est en pleine décomposition ; à l'extérieur vous vous donnez l'apparence de la sainteté, mais votre intérieur n'est qu'hypocrisie et injustice »[4]. Il reprit encore maints traits [de leur caractère] qu'il avait déjà réprimandés chez eux, particulièrement lors des occasions qui s'étaient présentées[5].

1. Mt 23,1-3.
2. Mt 23,14 ; Mc 12,40.
3. La coutume juive voulait qu'à l'approche de la Pâque on blanchisse à la chaux les parois des sépulcres afin de les rendre plus visibles et d'éviter ainsi de contracter une souillure en les touchant par mégarde.
4. Mt 23,27-28.
5. À partir d'ici jusqu'à GW I, p. 263, ligne 5, le texte est réécrit intégralement, la première ébauche est la suivante :
Pendant leur promenade dans les différentes parties du Temple, les amis de Jésus s'entretenaient sur la beauté de celui-ci. Jésus [leur] dit alors qu'il avait le pressentiment que ce service divin pompeux, ainsi que l'édifice lui-même, allaient prendre fin. Cela fit une grande impression sur les amis de Jésus et, lorsqu'ils furent seuls sur le Mont des Oliviers, ils lui demandèrent : « Quand cela arrivera-t-il ? Et à quels signes pouvons-nous reconnaître l'avènement du royaume du Messie ? ». Jésus leur répondit : « Cette attente d'un Messie précipitera mes compatriotes dans un grand malheur. Prenez garde de ne pas vous laisser tromper par cela vous aussi. Souvent l'on dira que le Messie attendu se

Pendant leur promenade dans les différentes parties du Temple, les amis de Jésus s'entretenaient sur la splendeur de celui-ci. Jésus [leur] dit alors qu'il avait le pressentiment que ce service divin pompeux, ainsi que l'édifice lui-même, allaient prendre fin. Cela fit une grande impression sur les amis de Jésus et, lorsqu'ils furent plus tard seuls avec lui sur le Mont des Oliviers, d'où ils avaient une vue sur les beaux édifices du Temple et sur une bonne partie de la ville, ils lui demandèrent : « Quand arrivera ce dont tu nous parlais tout à l'heure ? Et à quels signes reconnaîtrons-nous l'approche de l'avènement du royaume du Messie ? ». Jésus leur répondit : « Cette attente d'un Messie va encore précipiter mes compatriotes dans de graves dangers et, jointe à leurs autres préjugés et à leur entêtement aveugle, va creuser leur chute complète. Cet espoir chimérique fera d'eux un jeu pour des manipulateurs [1] rusés ou des illuminés [2] sans cervelle. Prenez garde de ne pas vous

trouve ici ou là, beaucoup se feront passer pour lui, proclameront des présages et accompliront des miracles. Ne vous laissez pas séduire au point de courir après eux. Ce sera l'occasion de révoltes et de divisions ; on prendra parti et, dans cet esprit de parti, on se haïra les uns les autres et, dans ce zèle pour des noms ou des mots, on se croira autorisé à sacrifier les devoirs les plus sacrés de l'humanité. Restez calmes dans ces tempêtes, fidèles à la vertu de manière inébranlable, et ne vous laissez pas séduire à prendre parti. Si leur zèle vous attaque aussi, et vous maltraite, ne croyez pas voir accompli le plan de la divinité par de tels attroupements ou dans des associations qui jurent sur le nom ou la foi d'une personne ; il ne se limite pas à *un* peuple, à *une* foi, mais embrasse tout le genre humain d'un amour impartial. Quand ce sera le service non pas des noms et des mots mais de la raison et de la vertu qui sera reconnu et exercé sur toute la terre, vous pourrez alors dire : "il est accompli". Soyez toujours vigilants, ne vous laissez pas sombrer dans un calme (*Ruhe*) paresseux grâce à un faux apaisement (*Beruhigung*) qui repose sur l'attachement à certaines formules religieuses, sur un service accompli seulement avec les lèvres et sur l'observation minutieuse des cérémonies d'une Église ».

1. *Betrüger* : « trompeur », « imposteur ».
2. *Schwärmer.*

laisser tromper[1] par cela vous aussi. Souvent, on dira que le Messie attendu se trouve ici, ou là, beaucoup se feront passer pour lui, s'érigeront avec ce titre en meneurs d'insurrection ou en chefs de sectes religieuses, proclameront des présages, accompliront des miracles pour essayer de rendre fous[2] même les bons. Souvent l'on dira : "C'est là-bas, dans le désert, que se montre le Messie attendu, c'est ici, dans les cryptes, qu'il se tient encore caché". Ne vous laissez pas séduire au point de courir après eux. De telles usurpations et rumeurs seront l'occasion de révoltes politiques et de divisions de la foi ; on prendra parti et, dans cet esprit partisan, on se haïra et se trahira les uns les autres et, dans ce zèle aveugle pour des noms ou des mots, on se croira autorisé à sacrifier les devoirs les plus sacrés de l'humanité. Le délabrement de l'État, la dissolution de tous les liens de la société et de l'humanité et, à leur suite, la peste et la famine, feront de ce malheureux pays une proie facile pour les ennemis extérieurs. Seront alors à plaindre les femmes enceintes et les nourrissons. Ne vous laissez pas entraîner, dans ces tempêtes, à prendre parti ; beaucoup seront contaminés par cet esprit de duperie sans même savoir au juste comment cela leur est arrivé, étant pris dans le tourbillon, s'éloignant à chaque pas de la modération et se voyant à la fin impliqués, sans avoir eu la possibilité de reculer, dans les crimes et dans la ruine de leur parti. Fuyez, fuyez plutôt, si vous pouvez, ce théâtre de ruine et d'insensibilité. Soustrayez-vous à toutes vos relations domestiques, ne perdez pas de temps à vous occuper encore de ceci ou de cela, ou à sauver quelque chose ; quoi qu'il advienne, demeurez de façon inébranlable fidèles à vos principes ; même si l'esprit zélote vous attaque et vous maltraite, prêchez la modération, exhortez à l'amour et à la

---

1. *In Irrthum führen.*
2. *Irre machen* : « rendre fou » mais aussi : « tromper ».

paix, et ne vous intéressez à aucun de ces partis politiques et religieux. Ne croyez pas voir accompli le plan de la divinité devant de tels attroupements ou dans des associations qui jurent sur le nom ou la foi d'une personne : il[1] ne se limite pas à *un* peuple, *une* foi, mais embrasse tout le genre humain d'un amour impartial. Quand viendra le service non pas des noms et des mots mais celui de la raison et de la vertu, lequel sera reconnu et exercé par toute la terre, vous pourrez dire alors : "il est accompli". C'est ce point de vue ferme sur l'espérance de l'humanité, et non la vaine espérance nationale des Juifs, qui vous permettra de rester libres de l'esprit de secte et de rester toujours droits aussi bien que courageux. Au sein de ces divisions, que votre calme, votre courage se fondent sur la vertu non altérée ; ne laissez pas s'insinuer dans votre cœur un apaisement hypocrite et paresseux qui reposerait sur un attachement à des formules religieuses, sur un service accompli seulement avec les lèvres et sur l'observation minutieuse des cérémonies d'une Église. Il en irait de même si dix vierges attendaient avec des torches [le retour de] l'époux conduisant son épouse dans sa demeure, et que, parmi elles, cinq se soient sagement pourvues d'huile tandis que les cinq autres aient étourdiment négligé de le faire. Si, au bout d'une longue attente, l'époux arrivait enfin tard dans la nuit, et qu'elles veuillent aller à sa rencontre, les cinq n'ayant plus d'huile partiraient à la hâte pour en acheter, car les autres n'auraient pu leur en prêter, n'en ayant que juste assez pour elles-mêmes ; l'époux, arrivé pendant leur absence, serait alors accompagné par les cinq vierges prudentes jusqu'à sa demeure pour le repas de noce, tandis que les autres, comptant sur l'invitation mais ayant négligé l'essentiel, en seraient exclues[2]. De la même

1. Le plan de la divinité.
2. Mt 25,1-13.

manière, ne croyez pas, vous aussi, qu'il suffise d'avoir embrassé une foi quand vous négligez l'exercice de la vertu, qui est le plus essentiel; [qu'il soit suffisant], si vous vous trouvez par exemple dans le besoin ou à l'approche de la mort, de rassembler à la hâte quelques bons principes ou de penser vous parer d'un mérite étranger dont vous vous contenteriez individuellement, alors qu'il ne peut en aucune façon être cédé à autrui. Avec votre seule foi dans une Église et votre vague espérance dans le mérite d'autrui, vous ne sauriez subsister devant le saint Juge du monde. Je compare son tribunal avec celui d'un roi qui rassemble ses peuples et, tel un berger séparant les boucs des agneaux [1], sépare les bons des méchants en disant aux premiers : "Approchez-vous de moi, mes amis, jouissez du bonheur dont vous vous êtes rendus dignes, car j'avais faim et vous m'avez donné à manger ; j'avais soif et vous m'avez donné à boire ; j'étais étranger parmi vous et vous m'avez recueilli ; j'étais nu et vous m'avez vêtu ; quand j'étais en prison, vous m'avez visité". Ils demanderont, pleins d'étonnement : "Seigneur, quand t'avons-nous vu affamé ou assoiffé pour te rassasier ? Quand t'avons-nous vu nu, étranger ou en prison pour t'avoir vêtu, recueilli ou visité ?". Alors le roi leur répondra : "Ce que vous avez fait au moindre de mes frères, ou des vôtres, je le récompense comme si vous me l'aviez fait à moi-même". Mais il dira aux autres : "Allez-vous-en loin de moi et recevez le salaire de vos actes. Quand j'avais faim ou soif, vous ne m'avez ni rassasié ni donné à boire ; quand j'étais nu, malade, ou en prison, vous ne m'avez pas accueilli". Ceux-là lui demanderont aussi : "Où t'avons-nous vu affamé, assoiffé, nu, malade ou en prison, en sorte que nous avons pu t'assister ?". Le roi leur donnera la même

1. Mt 25,32-46.

réponse : "Ce que vous n'avez pas fait au plus petit, je le punis comme si vous ne l'aviez pas fait à moi-même". Ainsi le Juge [1] du monde prononce-t-il la sentence [2] de condamnation pour ceux qui vénèrent la divinité seulement avec la bouche et la mine pieuses, et non dans son image, dans l'humanité ».

Jésus avait l'habitude de passer le jour dans les bâtiments et dans les cours du Temple et la nuit à l'extérieur de la ville sur le Mont des Oliviers. Le Grand Conseil n'osa pas exécuter publiquement sa décision de faire arrêter Jésus ; c'est pourquoi nulle offre ne leur parut plus opportune que celle que leur fit Judas, l'un des douze amis les plus proches de Jésus [3], offre de leur venir en aide et de le trahir [4] en leur révélant, moyennant une somme d'argent, le séjour nocturne de Jésus, afin de le faire mettre de là secrètement en prison. La cupidité semble avoir été chez Judas la principale passion, laquelle n'avait pas fait place, grâce à la fréquentation de Jésus, à une meilleure disposition ; passion dont il se peut bien qu'elle ait été la raison essentielle pour devenir un adepte de Jésus, car il espérait pouvoir la satisfaire une fois que Jésus aurait établi son royaume messianique. Comme Judas commençait à entrevoir qu'un tel royaume n'était pas le but de Jésus, et qu'il s'était trompé dans son espérance, il chercha encore à tirer de son amitié avec Jésus le plus grand profit possible en la trahissant.

Jésus fit préparer à Jérusalem, selon la coutume des Juifs, un repas de Pessah, où un mouton était le mets le plus délicat. C'était le dernier soir qu'il passait avec ses amis : il le leur consacra pleinement afin de leur en laisser une impression profonde.

1. *Richter.*
2. *Urtheil.*
3. Mt 26,14-16 ; Mc 14,12-31 ; Lc 22,3-6.
4. *Verrathen.*

Au début du repas, Jésus se releva, quitta son manteau, retroussa [ses vêtements] et prit un drap, puis il lava les pieds de ses amis (une tâche habituellement accomplie par les domestiques[1]). Pierre ne voulut pas le laisser faire. Jésus lui dit qu'il allait bientôt en apprendre la raison. Lorsqu'il en eut terminé avec tout le monde, il dit : « vous voyez ce que j'ai fait, moi que vous nommez votre maître, je vous ai lavé les pieds. Je voulais ainsi vous donner un exemple de la façon dont vous deviez vous comporter les uns avec les autres. Les princes aiment le pouvoir[2], aussi se font-ils appeler bienfaiteurs du genre humain[3]. Vous, ne faites pas ainsi ! Que nul ne s'élève au-dessus des autres, que nul ne se croie permis d'en user à son gré avec un autre ; mais, en tant qu'amis, que chacun soit serviable et agréable, que chacun rende service non pas comme un bienfait ou comme une [marque de] condescendance à l'égard des autres. Vous savez cela, bien à vous si vous le faites aussi. Ce n'est pas de vous tous que je parle : je peux en effet appliquer ici ce qui s'énonce quelque part : "qui mange du pain avec moi, me frappe de son pied"[4], dans la mesure où l'un d'entre vous va me trahir. Cette pensée attrista Jésus et mit ses amis dans l'embarras ; Jean, qui était le plus proche de Jésus, lui demanda à voix basse de qui il s'agissait. Jésus lui dit : "C'est celui à qui je donne ce morceau de pain", puis il le tendit à Judas avec ces mots : "Ce que tu veux faire, fais-le bientôt" ». Parmi les autres, aucun ne comprit ce que cela voulait dire, ils pensaient que cela avait trait avec une commission quelconque, parce que Judas gérait la caisse de la communauté. Judas, craignant peut-être d'être humilié publiquement par

---

1. Jn 13,4-15.
2. *Herrschaft* : domination, pouvoir, maîtrise, régence.
3. Lc 22,25.
4. Ps 41 (*Vulg.* 40), 10.

Jésus en voyant que son dessein n'était pas inconnu, ou redoutant de ne pouvoir maintenir sa décision s'il restait plus longtemps, quitta la communauté à la hâte [1].

Jésus poursuivit alors : « Mes chers, votre ami aura bientôt accompli sa destinée. Le Père des hommes va l'accueillir dans les demeures de sa félicité. Il ne tardera pas longtemps avant que je vous sois arraché. Comme testament, je vous laisse le commandement de vous aimer les uns les autres et l'exemple de mon amour pour vous [2]. Ce n'est que par cet amour mutuel que vous devez vous distinguer comme mes amis ». Pierre demanda à Jésus : « Mais où comptes-tu donc aller, puisque tu veux nous quitter ? » – « Sur le chemin que je prends, dit Jésus, tu ne peux pas m'accompagner » – « Pourquoi ne pourrais-je pas te suivre ? Je suis prêt à le faire au péril de ma vie ! », répondit Pierre – « Tu veux me sacrifier ta vie ? dit Jésus, je te connais trop bien pour savoir que tu n'as pas encore assez de force pour cela. Avant que le matin ne se lève à nouveau, tu pourras être mis à l'épreuve [3]. Ne soyez pas bouleversés parce que je serai séparé de vous, honorez l'esprit [4] qui habite en vous, écoutez sa voix non altérée ; ainsi nos personnes sont-elles distinctes et séparées, mais notre essence est une, et nous ne sommes pas éloignés les uns des autres. Jusqu'à présent, j'étais votre maître et ma présence guidait vos actions ; maintenant que je vous quitte, je ne vous laisse pas comme orphelins, je vous laisse en vous-mêmes un guide ; la graine du bien, déposée en vous par la raison, je l'ai éveillée en vous ; et le

---

1. Jn 13, 16-30.
2. Jn 13,34.
3. Mt 26,33-35 ; Mc 14,29-31 ; Lc 22,31-34 ; Jn 13,36-38.
4. *En marge* : « par lui vous apprenez à connaître la volonté de la divinité, vous êtes apparentés à elle, vous êtes de son espèce, ce n'est que par lui que la voie vers elle et vers la vérité vous est ouverte ».

souvenir de mes enseignements et de mon amour pour vous maintiendra solidement en vous cet esprit de vérité et de vertu auquel les hommes ne rendent pas hommage pour cette simple raison qu'ils ne le connaissent pas et qu'ils ne le cherchent pas en eux-mêmes. Vous êtes devenus des hommes qui, sans être tenus en lisière, se voient enfin confiés à eux-mêmes. Aussi, quand je ne serai plus parmi vous, votre moralité développée sera-t-elle désormais votre guide. Honorez mon souvenir, mon amour pour vous, en poursuivant la voie de l'honnêteté sur laquelle je vous ai conduits. L'esprit sacré de la vertu vous préservera des faux pas; il vous apprendra de manière plus complète ce à quoi vous n'étiez pas encore réceptifs jusqu'à présent; il rappellera à votre souvenir beaucoup de choses et donnera une signification à ce que vous n'aviez pas encore compris. Je vous donne ma bénédiction, non pas la salutation qui est donnée sans y attacher de signification, mais celle qui est riche en fruits du bien. Il est même mieux pour vous que je vous quitte, car c'est seulement par votre propre expérience et votre propre pratique que vous allez acquérir votre indépendance et apprendrez à vous guider vous-mêmes. Que je m'en aille ne doit pas vous remplir de chagrin mais de joie, car j'entreprends une carrière plus élevée dans des mondes meilleurs où l'esprit, sans limite, prend son envol vers la source originelle de tout bien et entre dans sa patrie, le royaume de l'infini ».

« Je me réjouissais à l'avance du plaisir de ce repas en votre compagnie [1], faites circuler les mets et la coupe, laissons se renouveler ici l'alliance de l'amitié ! » [2], puis il partagea

---

1. Jn 13,34.
2. « *Laßt uns hier den Bund der Freundschaft erneuern!* ». *Bund* signifie « lien » mais aussi « alliance, pacte »; on pourrait aussi bien donner une

à la manière orientale – comme chez les Arabes, encore aujourd'hui, on fonde une amitié indestructible en mangeant du même pain et en buvant à la même coupe – le pain avec chacun et, après le repas, il fit également passer la coupe et dit en même temps : « Quand vous mangerez ainsi ensemble en un cercle amical, souvenez-vous alors de votre ancien ami et maître et, comme Pessah était pour vous une image du Pessah que vos pères mangèrent en Égypte et le sang un souvenir du sang du sacrifice de l'alliance par lequel Moïse (livre II, 24, 8)[1] créa une alliance entre Iahvé et son peuple ; de même à l'avenir pensez au pain comme au corps qu'il a sacrifié, à la coupe de vin comme au sang qu'il a versé ! Gardez-moi dans votre mémoire [comme] celui qui a donné sa vie pour vous et que mon souvenir, mon exemple vous soient un fortifiant puissant en vue de la vertu. Je vous vois autour de moi comme les pousses d'un cep de vigne qui, nourries par lui, portent des fruits et, sitôt qu'elles sont prélevées sur lui, portent à maturité le bien par leurs propres forces vitales[2]. Aimez-vous les uns les autres, aimez tous les hommes comme je vous ai aimés[3]. Que je donne ma vie pour [le bien] de mes amis est la preuve de mon amour. Je ne vous appelle plus écoliers ou élèves, ceux-ci obéissent à la volonté de leur éducateur, souvent sans connaître la raison pour laquelle ils doivent agir ainsi ; [vous,] vous avez grandi jusqu'à l'autonomie de l'homme et la liberté de votre propre vouloir ; vous porterez des fruits par votre propre force de vertu si l'esprit de l'amour, la force qui nous anime, vous et moi, est déjà la même ».

tournure active à cette phrase – ce que l'expression *laßt uns* ne refuse pas – qui deviendrait alors : « renouvelons ici l'alliance de l'amitié ! ».

1. Texte allemand : *2 B 24, 8* ; c'est-à-dire *zweites Buch, 24, 8* (*Exode*, 24, 8).
2. Jn 15,5-6.
3. Jn 15,9-10.

Si l'on vous persécute, si l'on vous maltraite, souvenez-vous alors de mon exemple, souvenez-vous que ni moi ni des milliers n'ont eu un sort meilleur. Si vous vous rangiez du côté des vices et des préjugés régnants, vous trouveriez suffisamment d'amis, ainsi, toutefois, on vous haïra parce que vous êtes amis du bien. La vie d'un juste est un reproche permanent pour le méchant, qui le ressent et s'en irrite ; et, quand il ne lui reste plus de prétexte pour persécuter l'homme bon et libre de tout préjugé, il fait de la cause [1] des préjugés, de la persécution et du vice, celle de Dieu, puis convainc les hommes et lui-même qu'il rend, avec la haine du bien, un service à la divinité. Mais l'esprit de la vertu, tel un rayon issu de mondes meilleurs, vous animera et vous élèvera au-dessus des fins mesquines et vicieuses des hommes. Je vous préviens à l'avance afin que cela ne vous surprenne pas. De même que l'angoisse de la femme qui accouche se trouve transformée en joie lorsqu'elle a mis au monde un être humain, de même l'affliction qui vous attend se transformera un jour en félicité.

Jésus leva ensuite ses yeux vers le ciel et dit [2] : « Père, mon heure est venue – l'heure de montrer dans sa dignité l'esprit dont l'origine est ton infinité – et l'heure de retourner auprès de toi ! Sa destinée est l'éternité et l'élévation au-dessus de tout ce qui a commencement et fin, au-dessus de tout ce qui est fini. Ma destinée sur terre, de te reconnaître toi, Père, de reconnaître la parenté de mon esprit avec Toi, de m'honorer par ma fidélité envers elle et d'ennoblir les hommes en éveillant leur conscience à cette dignité – cette destinée sur terre, je l'ai accomplie. Mon amour pour toi a conduit vers moi des amis

1. *Sache.* De même que le latin *res* veut dire « chose » mais aussi, avec une connotation juridique, l'*affaire*, la *cause* (que l'on défend), le *litige*, l'*intérêt* (en jeu), de même l'allemand *Sache* peut prendre ce niveau de sens juridique.

2. Tout ce passage s'inspire de Jn 17,1-26.

qui ont appris à comprendre que je n'ai rien voulu imposer
d'étranger ou d'arbitraire aux hommes, mais que je leur ai
enseigné ta loi qui, méconnue des hommes, loge calmement
dans le cœur[1] de chacun. Mon intention fut non pas d'accéder
à la gloire par quelque chose de propre[2] ou de remarquable,
mais de rétablir le respect perdu envers l'humanité déchue[3] –
et le caractère universel des êtres doués de raison, la prédispo-
sition à la vertu reçue en partage par tous, tel fut mon orgueil. Ô
[Toi] le plus Parfait, préserve-les, que seul l'amour du bien soit
en eux la loi suprême qui les domine ; c'est ainsi qu'ils sont un,
qu'ils restent unis à Toi et à moi. Je vais vers Toi, je t'adresse
cette prière : que l'humeur joyeuse qui me vivifie les inonde
aussi. Je les ai familiarisés avec ta révélation, et parce qu'ils
l'ont saisie, le monde les hait comme il me hait moi qui lui
obéis. Je ne te prie pas de les retirer[4] de ce monde, une prière de
ce genre ne saurait être amenée devant ton trône, mais sanctifie-
les par ta vérité, elle ne rayonne que de ta loi. Ton appel élevé
que j'ai suivi, de former les hommes à la vertu, je l'ai remis
entre leurs mains. Qu'ils l'accomplissent eux aussi pour leur
part, qu'ils éduquent des amis qui ne s'agenouilleront plus
devant aucune idole et ne feront d'aucun mot, d'aucune
croyance, mais seulement de la vertu et du rapprochement
avec toi, le Saint, le lien de leur alliance »[5].

À la suite de ces entretiens, la communauté se leva, quitta
Jérusalem comme à l'accoutumée (la nuit était maintenant
tombée) ; elle traversa le ruisseau du Cédron pour rejoindre une

---

1. *Buse.*

2. *Eigenthümlich* : « propre » ou « singulier ».

3. *Weggeworfne.*

4. *Daß du sie von der Welt nehmest.* L'allemand *nehmen* peut signifier,
comme le latin *tollere*, « prendre » au sens de « retirer ».

5. *Vereinigung.*

métairie du nom de Gethsémanie dans la région du Mont des Oliviers[1]. Ce lieu de résidence nocturne de Jésus était aussi connu de Judas, parce qu'il y avait souvent été avec Jésus. Il enjoignit ses disciples à rester ensemble et lui-même se retira avec trois d'entre eux en un endroit isolé pour s'abandonner à ses pensées. Ici la nature recouvra pour quelques instants ses droits; la pensée de la trahison de son ami, de l'injustice de ses ennemis et de la dureté de son sort imminent, prit ici, dans la solitude de la nuit, possession de Jésus; elle le bouleversa et l'emplit d'angoisse. Il pria ses disciples de rester auprès de lui et de veiller avec lui; il allait et venait, inquiet, leur disant quelques mots, les réveillait à nouveau quand ils s'étaient endormis, s'écartait de temps en temps, et pria plusieurs fois : « Père, éloigne de moi, si c'est possible, la coupe amère de la souffrance qui m'attend! Cependant, que ce ne soit pas ma volonté qui s'accomplisse mais la tienne. Si cette heure ne doit pas m'être épargnée, alors je me rends à ta volonté ». Sa sueur coulait à grosses gouttes. Alors qu'il se tenait de nouveau auprès de ses disciples et les encourageait à veiller, il aperçut des hommes qui venaient : « Réveillez-vous, allons-nous en, cria-t-il à ses disciples, celui qui me trahit s'approche! ».

Judas s'approcha alors avec des hommes en armes qui avaient des torches. Jésus, qui avait repris des forces, alla à leur rencontre : « Qui cherchez-vous? », demanda-t-il. Ils répondirent : « Jésus le Nazaréen » – « C'est moi », dit Jésus. Ils étaient embarrassés, car ils ne savaient s'il était la bonne personne. Il leur demanda une nouvelle fois, puis leur répliqua la même chose, en ajoutant : « Si c'est moi que vous cherchez, laissez ceux-là qui sont mes amis, épargnez-les ». Judas s'approcha alors et fit à ses compagnons le signe dont ils

1. Lc 22,39.

avaient convenu pour leur faire reconnaître Jésus. C'est ainsi qu'il lui dit: «Je te salue, maître», puis il l'embrassa. Jésus rétorqua encore: «Ami, c'est par un baiser que tu me trahis!» et il fut ensuite saisi par les soldats. Lorsque Pierre vit cela, il tira son épée, frappa d'un côté et de l'autre et coupa l'oreille d'un serviteur du grand prêtre. Jésus le ramena au calme: «Laisse cela et honore le destin que me réserve la divinité». Les autres amis de Jésus, lorsqu'ils virent que la bande s'était emparée de lui, l'avait attaché et l'amenait à présent, prirent la fuite et se dispersèrent, mis à part un jeune homme qui s'était réveillé en sursaut et qui n'avait pu à la hâte se couvrir de rien d'autre que d'un manteau: il voulut suivre Jésus mais fut saisi par les soldats et se sauva, ne pouvant s'échapper qu'en leur laissant son manteau entre les mains[1]. En chemin, Jésus dit à ceux qui l'amenaient: «Vous venez à moi armés pour m'attraper comme un voleur, alors que j'étais publiquement assis parmi vous tous les jours au Temple et que vous ne vous êtes pas [alors] saisis de moi. Mais minuit est votre heure, et l'obscurité votre élément».

Jésus fut d'abord amené chez Anne, ancien grand prêtre et beau père de Caïphe, puis chez ce dernier, grand prêtre cette année, où le Grand Conseil de Jérusalem, attendant le prisonnier, était réuni au grand complet; [au Grand Conseil] Caïphe avait inculqué la maxime selon laquelle sacrifier un [homme] pour le bien du peuple entier était un devoir. Pierre, qui avait suivi les sbires[2] de loin, n'aurait pas osé pénétrer dans le palais lui-même si Jean, qui connaissait bien le grand prêtre et avait libre accès à la maison, n'avait pas dit à la gardienne de le laisser entrer aussi. Celle-ci lui fit: «N'es-tu pas, toi aussi,

---

1. Mc 14,51-52. Ce jeune homme est, selon la tradition, l'évangéliste saint Marc.

2. *Häschern*.

un des adeptes de cet homme ? ». Pierre nia, tout d'une traite [1], et s'installa près du foyer à charbon parmi les huissiers et les serviteurs afin de s'y réchauffer comme eux.

Le grand prêtre devant lequel se tenait à présent Jésus lui posa différentes questions concernant son enseignement et ses disciples. Jésus lui fit alors cette réponse : « J'ai parlé librement et publiquement devant tout le monde ; j'ai enseigné au Temple et dans les synagogues où les Juifs ont tous l'habitude de se rendre ; je n'ai pas d'enseignements secrets : pourquoi donc est-ce moi que tu interroges ? Interroge, au sujet de ce que j'ai enseigné, ceux qui m'ont écouté, ils pourront tous te le dire ». Cette réponse de Jésus au grand prêtre parut immodeste à l'un des sbires. « C'est ainsi que tu réponds au grand prêtre ! », lui dit-il en lui donnant un coup. Jésus lui dit avec une contenance tranquille : « Si je n'ai pas bien répondu, alors dis-moi quelle est mon erreur ; si j'ai bien répondu, pourquoi me frappes-tu ? » [2]. De nombreux témoins étaient convoqués pour avancer des déclarations contre Jésus, mais les prêtres ne pouvaient en faire aucun usage, en partie parce qu'elles n'étaient pas assez décisives, en partie parce qu'elles ne concordaient pas. Finalement, quelques-uns s'avancèrent pour dire qu'ils l'avaient entendu parler du Temple de manière irrévérencieuse, mais ceux-là non plus ne s'accordaient pas entre eux dans le détail des expressions. Jésus demeurait silencieux durant tout ce temps ; finalement, le grand prêtre s'avança, impatient. « Ne réponds-tu donc rien à ces accusations ? Alors, par le Dieu vivant, je te conjure de nous dire si tu es un homme

---

1. *Geradezu* : « directement ».

2. *En marge* : « d'après Jean, 18, 24, il semblerait que ceci ait eu lieu au palais de Anne, mais si le conseil était réuni chez Caïphe et si l'interrogatoire proprement dit eut lieu là-bas, alors l'endroit où Pierre renia Jésus n'est pas le même. Chez Caïphe seulement est noté αρχ. partout au pluriel ».

sacré[1], un fils de la divinité ». Jésus répondit : « Oui, je le suis ;
et un jour vous apercevrez cet homme méprisé sanctifié par la
divinité et la vertu, habillé somptueusement et élevé au-dessus
des étoiles ». Le grand prêtre déchira son vêtement et s'écria :
« Il a blasphémé Dieu, qu'avons-nous à faire d'autres témoignages, vous avez entendu le sien propre. Quel est votre
avis ? » – « Il s'est rendu punissable de mort », fut leur jugement[2]. Cette sentence fut pour les sbires un signal pour
maltraiter et insulter Jésus qui se trouvait désormais entre leurs
mains, le Grand Conseil devant se séparer quelques heures
pour se réunir tôt de nouveau le lendemain matin. Pierre était
resté durant tout ce temps auprès du feu et une autre femme
encore, également au service du grand prêtre, le reconnut et dit
à ceux qui se trouvaient autour d'elle : « Celui-ci est certainement l'un des compagnons du prisonnier ». Pierre répondit
de nouveau par un « non » inconditionnel. Mais un serviteur du
grand prêtre, parent de celui que Pierre avait blessé quelques
heures auparavant, dit : « Ne t'ai-je pas vu auprès de Jésus à la
métairie ? ». Les autres s'y mirent aussi ; son dialecte, également, trahissait qu'il était de Galilée. Vu les nombreuses
circonstances qui témoignaient contre lui, Pierre s'oublia si
loin dans la confusion et l'angoisse qu'il jura et protesta fortement ne rien comprendre de ce qu'ils voulaient, qu'il ne
connaissait pas du tout l'homme dont ils le croyaient l'ami. À
ce moment, les coqs commencèrent à annoncer la naissance du
matin et, au moment précis où il faisait ces protestations, Jésus
qui était amené près de lui se retourna sur lui en lui lançant un
regard. Pierre, profondément touché, ressentit alors le caractère méprisable de son comportement ; il ressentit à quel point
Jésus avait eu raison de douter, lors de l'entretien de la veille,

1. *Ein Geweihter.*
2. *Urtheil.*

de voir sa fermeté, dont il s'était tant vanté, résister devant l'épreuve. Il s'éloigna à la hâte et versa des larmes amères de repentir et de honte sur lui-même.

Les quelques heures qui restaient de la nuit s'écoulèrent et le Grand Conseil s'était réuni à nouveau; et comme ce dernier avait reconnu Jésus punissable de mort mais n'avait plus le droit de prononcer ni d'exécuter un tel jugement, l'assemblée se rendit en compagnie de Jésus le matin même chez Pilate, gouverneur romain de cette province, afin de le lui livrer, empêchant ainsi qu'une agitation en sa faveur ne se levât parmi le peuple au cas où il aurait été encore entre leurs mains.

Judas, le traître, voyant alors que le sort de Jésus était parvenu à une extrémité telle qu'il allait être condamné à mort, se repentit de son acte; il rapporta l'argent (trente deniers) au prêtre et dit : « J'ai mal agi en vous livrant un innocent »; mais on lui répondit que c'était là son affaire, que son acte ne les regardait pas. Judas jeta l'argent dans le tronc du Temple et se pendit. Comme c'était l'argent du sang, les prêtres eurent alors des scrupules de conscience[1] de l'ajouter à l'argent du Temple; c'est pourquoi ils achetèrent avec lui un champ qu'ils destinèrent à la sépulture des étrangers.

Comme c'était encore un jour de fête, ils ne pénétrèrent pas dans le palais afin de ne pas se souiller. Pilate sortit sur le parvis et leur demanda : « De quel crime accusez-vous cet homme pour demander sa condamnation ? » – « S'il n'était pas un criminel, nous ne te l'aurions pas livré », répondirent les prêtres. Pilate leur dit : « Faites-lui alors un procès et jugez-le d'après vos lois » – « Nous n'avons pas le droit de prononcer de peine de mort », objectèrent-ils. Pilate entendit que le crime était passible de peine de mort, et ne put plus alors refuser d'être le

---

1. *GewissensScrupel* : « scrupule de conscience ».

juge de Jésus; il se fit donc énoncer les accusations que le
Conseil portait contre lui. Ce qui d'après les conceptions juives
était un blasphème contre la divinité, à savoir se reconnaître
fils de celle-ci, et en quoi le Conseil tenait le crime pour passible
de mort, constituait une accusation avec laquelle, le Conseil
juif le savait bien, il n'obtiendrait de Pilate aucune condamnation à mort; ils accusèrent donc Jésus de séduire le peuple pour
le rendre indifférent à la constitution de l'État, ce qui finirait par
susciter le refus de payer l'impôt à l'empereur, et l'accusèrent
de se faire passer pour un roi. Après avoir écouté ces chefs
d'accusation, Pilate se retira dans son palais, fit appeler Jésus
et lui demanda: « Te fais-tu vraiment passer pour le roi des
Juifs? ». Jésus lui répondit: « Es-tu arrivé par toi-même à me
soupçonner de me faire passer pour tel ou bien me le demandes-
tu seulement parce que d'autres m'en accusent? ». Pilate répondit: « Suis-je donc un Juif pour attendre de moi-même un roi
pour votre nation? Ton peuple et les grands prêtres t'en ont
accusé chez moi: qu'as-tu fait pour les y inciter? ». Jésus lui
répondit: « Ils m'accusent de m'arroger un royaume, mais
celui-ci n'est pas ce qui est lié habituellement au concept de
royaume. Si c'était le cas, j'aurais des subordonnés et des
adeptes qui auraient combattu pour moi afin que je ne tombe
pas dans les mains des Juifs ». Pilate lui dit: « Ainsi, tu te fais
donc bien passer pour un roi, puisque tu parles de ton
royaume? » – « Si tu veux le nommer ainsi, soit, répondit
Jésus, je croyais être né pour cela, je croyais que ma destinée
dans le monde était d'enseigner la vérité et de briguer pour elle
des adeptes, et que celui qui l'aimerait écouterait ma voix! » –
« Qu'est-ce que la vérité? », répliqua Pilate

avec la mine d'un homme de cour
qui, bien que myope, condamne pourtant en souriant le sérieux
de la chose [1]

et qui tenait sans doute Jésus pour un exalté prêt à se sacrifier
pour un mot [2] sans signification dans son esprit ; et il considéra
toute l'affaire comme uniquement du ressort de la religion des
Juifs, ne constituant ni un crime à l'égard des lois civiles, ni un
risque pour la sécurité de l'État. Il quitta Jésus, sortit voir les
Juifs et leur dit qu'il ne trouvait pas de faute chez cet homme.
Ceux-ci répétèrent leurs accusations : il causait par son enseignement des troubles dans tout le pays, de la Galilée jusqu'à
Jérusalem. Pilate, attentif au fait qu'ils mentionnaient la
Galilée comme la région où il avait commencé son enseignement, se renseigna si l'homme était Galiléen. Lorsqu'il entendit qu'il l'était, il parut content de se défaire de cette négocia-
tion embarrassante, puisque Jésus, en tant que Galiléen, rele-
vait de la juridiction d'Hérode, prince de cette région. Il le lui
fit donc amener. Hérode se trouvait précisément à Jérusalem
pour la fête. Hérode fut ravi de voir Jésus : ayant beaucoup
entendu dire à son sujet, il le souhaitait depuis longtemps, et
il espérait le voir accomplir quelque chose d'extraordinaire. Il
lui posa maintes questions, ainsi que les grands prêtres et leur
compagnie, qui répétèrent ici leurs accusations. Jésus ne
répondit rien à tout cela et resta calme, même lorsque Hérode
et ses courtisans l'accablèrent de railleries et, à la fin, le revêtirent d'une robe qui était un signe de dignité princière.
Comme Hérode ne savait que faire de Jésus qui ne lui semblait
être qu'un objet de raillerie et non de punition, il le renvoya à
Pilate. Au reste, cette attention de Pilate de respecter la juridiction d'Hérode à propos de Jésus qui était Galiléen, eut pour

1. Klopstock, *Le Messie*, Chant VII, vers 254-256.
2. *En marge* : « pour une abstraction ».

effet de rétablir entre eux deux l'amitié auparavant interrom-
pue. Pilate, qui était dans le même embarras, rassembla les
grands prêtres et les membres du Conseil; il leur expliqua
qu'ils avaient auprès de lui porté l'accusation d'agitation
contre cet homme mais ni lui-même ni Hérode ne trouvaient en
lui de faute qui méritât la mort; qu'il ne pouvait rien faire
d'autre que de le faire flageller et de lui rendre ensuite sa
liberté. Les Juifs ne furent pas satisfaits de ce châtiment et
insistèrent pour qu'il fût condamné à mort. Pilate, qui admirait
le calme de Jésus face à toutes ces négociations, était très mal à
l'aise, en sacrifiant Jésus, de servir d'outil à la haine religieuse
des Juifs; et comme sa femme aussi le trouvait sympathique et
s'intéressait à lui, il trouva alors une autre issue. Il était en effet
de coutume que le gouverneur romain rendît la liberté et la vie
à un prisonnier juif lors des fêtes de Pâques[1]. Outre Jésus, il
y avait en ce moment-là en prison un autre Juif, nommé
Barrabas, accusé par les Juifs d'avoir perpétré des pillages et
d'avoir donné des coups mortels. Pilate, espérant que les Juifs
ne voudraient pas manquer d'appliquer cette tradition, et qu'ils
demanderaient la liberté de Jésus plutôt que celle de l'assassin,
leur laissa le choix entre les deux, entre Barrabas et le roi des
Juifs, ainsi qu'il nommait Jésus par dérision. Les prêtres[2]
persuadèrent facilement le peuple présent de demander la
libération de Barrabas et la mort de Jésus. Lorsque Pilate leur
demanda une nouvelle fois ce qu'ils avaient décidé, lequel il
devait libérer, ils s'écrièrent alors : « Barrabas ! ». Mécontent,
Pilate s'écria : « Et que dois-je donc faire de Jésus ? » – « Fais-
le crucifier ! », clamèrent-ils. « Mais qu'a-t-il donc fait de

---

1. *Osternfeste* : « fêtes de Pâques ». Auparavant, et le plus souvent dans le
texte de Hegel, ainsi que nous l'avons noté, ces mêmes fêtes se trouvent
nommées *Pessahfeste*, « fêtes de Pessah ».

2. *Die Priesterschaft*, littéralement : « le clergé ».

mal? », demanda Pilate à nouveau. Ils crièrent plus fort : « En croix, qu'on le mette en croix ! ». Pilate fit alors flageller Jésus, les soldats tressèrent une couronne d'épines (acanthe, *Heracleum*) qu'ils lui placèrent sur la tête ; ils le revêtirent d'un manteau de pourpre, lui mirent en main un bâton en guise de sceptre, et crièrent, en lui donnant des coups : « Salut à toi, roi des Juifs ! ». Pilate espérait voir leur colère assouvie par cela, il leur dit : « Je vous le répète, je ne trouve rien de coupable chez lui » ; il le fit sortir dans cet accoutrement, et il dit : « Regardez-le, repaissez vos yeux de ce spectacle ». Cette vue ne les adoucit pas ; ils demandèrent à grands cris sa mort. « Alors prenez-le et crucifiez-le, s'écria Pilate avec encore plus d'impatience, je ne le trouve pas coupable ». Les Juifs répliquèrent : « Il est d'après nos lois punissable de mort, car il s'est fait passer pour un fils de la divinité ». Pilate, qui s'imaginait alors le fils d'un dieu selon la conception romaine, fut pris de plus de scrupules encore et demanda à Jésus : « D'où es-tu, à proprement parler ? ». Mais, là-dessus, Jésus ne donna aucune réponse – « Comment, dit Pilate, à moi non plus tu ne réponds pas ? Sais-tu que ta vie ou ta mort dépendent entièrement de moi ? » – « Seulement dans la mesure ou ma vie ou ma mort conviennent au plan de la Providence, répondit Jésus, ce qui ne diminue cependant pas la faute de ceux qui m'ont livré ». Pilate était de plus en plus favorable à Jésus et enclin à le laisser libre. Les Juifs, en voyant cela, jouèrent alors le rôle de sujets fidèles uniquement préoccupés de l'intérêt de César, rôle qui dut leur sembler suffisamment amer, mais qui ne pouvait que difficilement manquer son but. « Si tu relâches celui-ci, crièrent-ils, tu n'es pas un ami de César, car quiconque se fait passer pour un roi est rebelle à notre prince ». Pilate tint

alors solennellement séance [1] et fit amener Jésus : « Voyez ici
votre roi, dois-je faire crucifier votre roi ? » – « Crucifie-le,
nous ne reconnaissons aucun autre roi que César ». Lorsque
Pilate vit que le bruit et l'agitation de la foule devenaient de
plus en plus grands et qu'il avait à craindre des troubles, peut-
être même une révolte à laquelle les Juifs auraient pu donner le
vernis de l'attachement pour la gloire de César, ce qui était
extrêmement dangereux pour lui ; constatant que l'entêtement
des Juifs était insurmontable, il se fit apporter un récipient
d'eau fraîche, se lava les mains devant le peuple, et dit : « Je
suis innocent du sang de ce juste ! Vous en portez la respon-
sabilité ! ». Les Juifs s'écrièrent : « Oui, nous et nos enfants
serons punis pour sa mort ! ». La victoire des Juifs était
décidée : Barrabas fut libéré et Jésus condamné à mourir sur la
croix (une manière romaine de mettre à mort aussi déshono-
rante que l'est aujourd'hui la pendaison). Jésus resta exposé à
la raillerie grossière et aux mauvais traitements des soldats
jusqu'à ce qu'il fût amené sur le lieu d'exécution. Le condamné
devait habituellement traîner lui-même le poteau, mais Jésus
en fut dispensé et, à un homme du nom de Simon qui se tenait
tout près, il fut ordonné de le porter. L'affluence de la foule
était très grande ; ses amis n'osaient pas l'approcher mais ils
le suivirent et assistèrent à l'exécution, de loin toutefois et
dispersés. Plus proches de lui se trouvaient plusieurs femmes
qui l'avaient connu ; elles pleuraient à présent et plaignaient
son sort. Jésus se tourna vers elles tout en marchant et s'adressa
à elles : « Ne pleurez pas sur moi, vous, femmes de Jérusalem,
mais plutôt sur vous-mêmes et sur vos enfants, les temps
viendront où l'on célébrera joyeusement celles qui sont sans
enfant, les seins qui n'ont jamais allaité, les ventres qui n'ont

---

1. *Gericht*, « tribunal », « jugement ».

jamais enfanté. Vous voyez ce qui m'arrive, concluez vous-mêmes, [voyez] vers où peut encore mener un tel esprit chez un peuple ».

Jésus fut crucifié en compagnie de deux criminels, sa croix était placée au milieu. Alors qu'on l'y attachait (en clouant les mains et, vraisemblablement, en liant seulement[1] les pieds), Jésus s'écria : « Père, pardonne-leur, ils ne savent pas ce qu'ils font ! » Ses vêtements furent partagés selon l'usage entre les soldats. Pilate avait fait apposer au-dessus de sa croix, en hébreu, en grec et en latin l'inscription suivante : Celui-ci est le roi des Juifs. Les prêtres en furent contrariés, estimant que Pilate aurait dû écrire que Jésus s'était seulement fait passer pour tel. Pilate, irrité contre eux en raison de toute cette mise en accusation, vit avec plaisir qu'ils ressentaient ce que son inscription avait d'humiliant pour eux ; à la demande qu'ils firent de la modifier, il leur donna comme réponse : « Ce que j'ai écrit restera ainsi ». Pendant ce temps, outre la douleur physique, Jésus était exposé à la raillerie triomphante de la populace juive, commune ou distinguée[2], ainsi qu'aux plaisanteries grossières des soldats romains. Même l'un des criminels crucifiés avec Jésus ne fut pas rendu plus amical envers lui par l'égalité de leur sort, qui ne l'empêcha pas de mêler ses railleries aux sarcasmes de la foule. Cependant l'autre [criminel] n'était pas devenu totalement étranger, avec ses crimes, aux sentiments humains et à la conscience, et lui reprocha de traiter encore avec amertume, en de telles circonstances, quelqu'un qui se trouvait dans la même souffrance que lui ; et il

1. *En marge* : « Paulus Memor ». Il s'agit d'une revue philosophico-théologique qui était éditée à Leipzig et qui avait pour titre *Memorabilien*.
2. *Des jüdischen, vornehm und gemeinen Pöbels*. L'auteur veut distinguer, au sein de la populace juive, ceux qui ont conservé quelque distinction de ceux qui en sont la lie.

ajouta : « notre sort est juste, car nous recevons ce que nos actions ont mérité, tandis que lui, qui est sans faute, partage le même sort ! ». Il dit à Jésus : « Pense à moi quand tu seras dans ton royaume » – « Nous serons bientôt accueillis ensemble dans la région[1] des bienheureux », lui répondit Jésus.

Au pied de la croix se tenait, dans une affliction profonde, la mère de Jésus ainsi que quelques-unes de ses amies. Jean était le seul des confidents de Jésus qui était avec elles et qui partageait leur douleur. Jésus les vit ensemble et dit à sa mère : « Vois en lui un fils, à ma place », et il dit à Jean : « Considère-la comme ta mère ». Aussi, selon le souhait de son ami mourant, Jean l'accueillit dans sa maison et dans ses soins.

Après déjà quelques heures suspendu à la croix, accablé de douleur, il s'écria : « Mon Dieu, mon Dieu, pourquoi m'as-tu abandonné ? ». Après avoir encore crié qu'il avait soif et avoir pris un peu de vinaigre qu'on lui tendait[2] sur une éponge, il parla encore : « C'est accompli » et à la fin, à voix haute : « Père, entre tes mains je remets mon esprit » ; baissant la tête, il expira.

Même le chef romain qui commandait lors de l'exécution admira la contenance calme et la dignité toujours égale avec laquelle Jésus mourut. Ses amis avaient assisté de loin à la fin de leur cher maître.

Comme les crucifiés ne mouraient d'habitude que lentement et vivaient souvent quelques jours encore sur le poteau, et que le jour suivant était jour de grande fête chez

---

1. *Die Gefilde.* Terme poétique pour désigner les champs, par exemple les champs élyséens de la mythologie se disent *die elysäischen Gefilde.*

2. *En marge à côté du passage précédent, mais devant être placé ici :* « λεγων αφετε – laissez le maintenant, ne le torturez pas plus loin afin qu'il ne meure pas trop tôt ; nous aurions perdu notre plaisir si Élie devait venir l'aider. *Marc* 15, 36 ».

les Juifs, ils prièrent alors Pilate de briser les jambes des condamnés et de les décrocher afin que leurs corps ne soient pas sur la croix le lendemain, ce qui fut fait pour les deux malfaiteurs qui avaient été exécutés en même temps que Jésus parce qu'ils étaient encore en vie. Pour Jésus lui-même, ils virent que cela n'était pas nécessaire. Ils lui enfoncèrent simplement une épée dans le flanc d'où s'écoula une eau (de la lymphe) mélangée avec du sang. Joseph d'Arimanthie, un membre du Grand Conseil de Jérusalem, ami de Jésus habituellement inconnu, demanda de se voir confier le cadavre de Jésus. Pilate l'autorisa. Alors Joseph, en compagnie d'un autre ami, Nicodème, décrocha le mort, l'embauma de myrrhe et d'aloès, l'enveloppa d'un drap (de toile de lin) et le plaça dans son caveau de famille creusé à même le roc en son jardin; ce dernier était proche du lieu d'exécution, et ils purent alors y terminer rapidement ces préparatifs, juste avant le début de la fête même, où il n'eût pas été permis de s'occuper des morts [1].

24 juillet 1795

1. *La vie de Jésus* se termine ainsi sans que soit mentionnée la résurrection de Jésus. Il est bien question d'un retour de Jésus auprès du Père, mais non de la résurrection du corps du Christ. Ce point restera permanent dans l'œuvre hégélienne.